# A GRÉCIA ANTIGA

QUE HISTÓRIA É ESTA?

MARCELO REDE

DOUTOR EM HISTÓRIA ANTIGA NA UNIVERSIDADE DE PARIS I — PANTHÉON-SORBONNE
PROFESSOR DE HISTÓRIA ANTIGA DA USP
GRADUADO EM HISTÓRIA PELA USP

# A GRÉCIA ANTIGA

QUE HISTÓRIA É ESTA?

2ª edição

Conforme a nova ortografia

Editora Saraiva

**Editor**
Rogério Gastaldo
**Projeto**
Joaci Pereira Furtado
**Assistente editorial**
Nair Hitomi Kayo
**Preparação de texto**
Eloísa da Silva Aragão
**Suplemento de trabalho**
Maria da Glória Porto Kok
**Pesquisa iconográfica**
Marcelo Rede
**Coordenação de revisão**
Pedro Cunha Jr. e Lilian Semenichin

**Gerência de arte**
Nair de Medeiros Barbosa
**Supervisão de arte**
Vagner Castro do Santos
**Projeto gráfico**
Christof Gunkel
**Diagramação**
Francisco Augusto Costa Filho
Marcos Zolezi
**Projeto de capa**
Angra Comunicação Visual
**Arte de capa**
Wilson Bekesas
**Mapas**
Selma Caparrós
**Produtor gráfico**
Rogério Strelciuc
**Impressão e acabamento**
Log&Print Gráfica, Dados Variáveis e Logística S.A.

**Dados Internacionais de Catalogação na Publicação (CIP)**
**(Câmara Brasileira do Livro, SP, Brasil)**

Rede, Marcelo
A Grécia Antiga / Marcelo Rede. — 2. ed. — São Paulo : Saraiva, 2004. — (Que história é esta?)

Bibliografia.
ISBN 978-85-02-03043-5

1. Grécia Antiga — História I. Título. II. Série

CDD-938

**Índice para catálogo sistemático:**

1. Grécia Antiga : História 938

10ª tiragem, 2024



**Editora Saraiva**

SARAIVA Educação S.A.
Avenida das Nações Unidas, 7.221 – Pinheiros – CEP 05425-902 – São Paulo – SP
www.editorasaraiva.com.br

Tel.: (0xx11) 4003-3061
atendimento@aticascipione.com.br

CL: 810245
CAE: 603265

# Sumário

**Pintura inglesa do século XVIII, de Johan Zoffany, retratando o interesse moderno pela Grécia ("Biblioteca de Charles Townley na 7th Park Street", Townley Hall Art Gallery and Museums, Burnley).**

# Introdução

Há mais de dois mil e quinhentos anos, os gregos criaram a democracia. Na verdade, a própria palavra *política* é de origem grega. Eles também inventaram os jogos olímpicos, o teatro e a filosofia. E formaram a primeira sociedade da história a basear sua riqueza no trabalho escravo.

Mas será que existe alguma semelhança entre o teatro dos antigos gregos e o nosso? E entre a democracia deles e a nossa? Ou, por trás de palavras iguais, existem diferenças profundas?

O que sentia um ateniense ao assistir a uma comédia num dos teatros da cidade? Seria apenas um divertimento? O que significava para ele participar da vida política? Ele ficaria satisfeito apenas por escolher seus governantes de tempos em tempos, como nós fazemos?

Essas e tantas outras perguntas só poderão ser respondidas se investigarmos como viviam, o que pensavam e faziam os gregos da Antiguidade. Nas páginas seguintes, é isso o que se propõe: um estudo da sociedade grega em seu contexto histórico, que poderá revelar o quanto eles eram distantes, ou próximos, de nós.

**Grécia**

Na verdade, as palavras Grécia e grego são de origem latina. Era assim que os romanos conheciam a região e seus habitantes. Os próprios gregos chamavam-se por helenos. Na literatura mais antiga, eram chamados de aqueus, argivos ou daneus.

## 1. Os primeiros tempos

Na Antiguidade, o mundo grego era composto por uma parte peninsular (a península Balcânica) e por várias ilhas do Mediterrâneo Oriental. Além disso, ao longo da história, muitas regiões em volta do Mar Mediterrâneo foram ocupadas por populações gregas: a costa da Anatólia, na Ásia; partes do norte da África; as bordas do mar Negro e a região conhecida por Magna Grécia, isto é, a porção sul da Itália e a ilha da Sicília.

## A Pré-História

Partes da península Balcânica e muitas das ilhas gregas foram povoadas bem cedo, ainda na Pré-História. Os achados das escavações arqueológicas mostram que, desde pelo menos 5 000 a.C., muitas pequenas aldeias da região já eram tipicamente neolíticas, isto é, seus habitantes já se fixavam mais em um território, domesticavam e criavam animais (como cabras, ovelhas, porcos e bois), praticavam a agricultura (plantando especialmente o trigo e a cevada) e fabricavam utensílios de cerâmica.

Ao mesmo tempo, algumas formas de vida mais antigas sobreviviam: nas escavações dessas aldeias foram encontrados instrumentos e armas feitos de pedra e osso, além de anzóis e arpões, mostrando que a caça e a pesca continuavam importantes para a subsistência.

Desde muito cedo, a ocupação humana foi deixando suas marcas na paisagem: muitas florestas originais foram devastadas para cederem lugar a campos de agricultura e pastos para os rebanhos.

Os objetos de metal começaram a difundir-se lentamente a partir de 3 000 a.C. Os artesãos utilizavam o cobre, a prata, o chumbo e especialmente o bronze (uma mistura de cobre e estanho). No princípio, eram feitas principalmente armas e peças decorativas, o que sugere que o uso do metal esteve limitado a camadas sociais mais ricas. O metal demorou a ser utilizado na fabricação de ferramentas e instrumentos agrícolas, que continuaram por muito tempo sendo feitos de madeira e pedra.

## Os cretenses

Por volta de 2 000 a.C., uma nova sociedade começou a se formar, tendo como centro a ilha de Creta, provavelmente como resultado de novos deslocamentos de populações do Oriente para a região do Mediterrâneo. Nessa época, várias localidades na Grécia foram destruídas, incendiadas ou abandonadas. Em Creta, os novos habitantes foram absorvendo as populações locais e construíram vários povoamentos muitos importantes, como Faísto, Cânia, Mália e sobretudo Cnosso.

**O litoral recortado, os penhascos e as cidades construídas no alto das colinas marcam a paisagem grega antiga e moderna.**

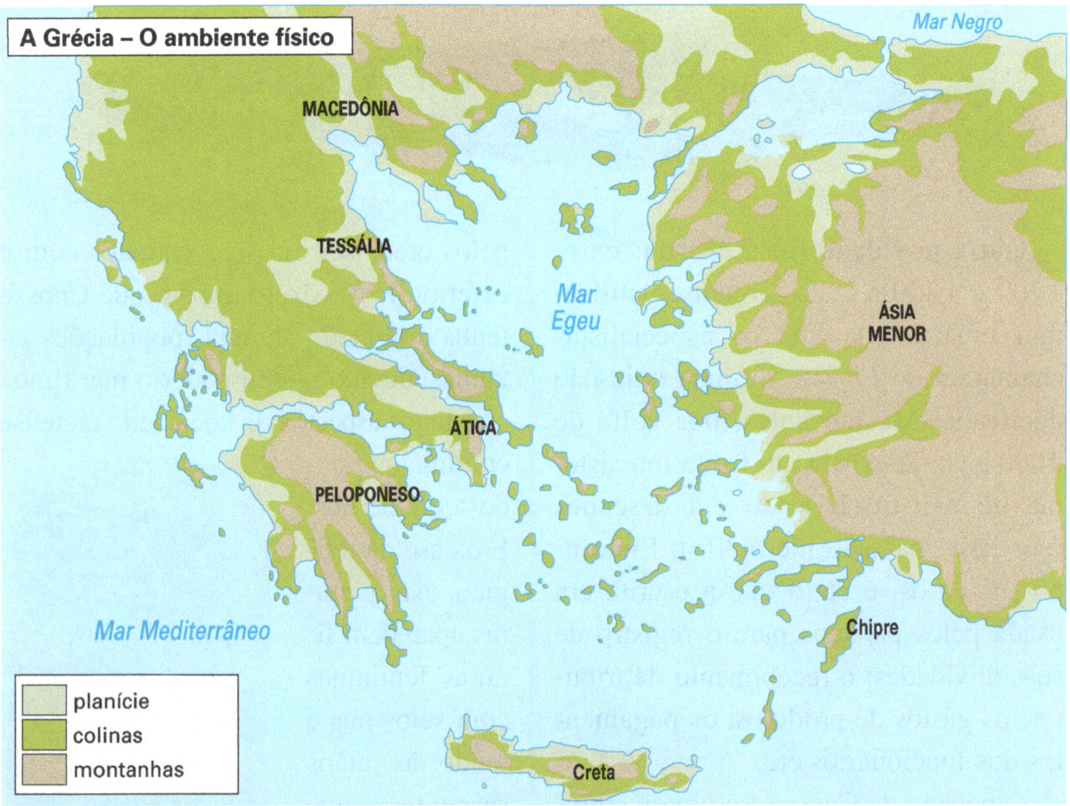


Em Cnosso, os arqueólogos descobriram o principal palácio da ilha. A estrutura palaciana foi uma novidade na região, introduzida pela civilização cretense, e indica a existência de uma autoridade central fortalecida, um rei. Ao mesmo tempo, as escavações revelaram que, no período cretense, os objetos de bronze se difundiram: a metalurgia substituía lentamente a indústria da pedra.

**Ruínas do Palácio de Cnosso, em Creta (as colunas brancas são restaurações feitas pelos arqueólogos modernos).**

**Adaga de bronze com cabo e incrustação de couro, encontrada em Pilos, *c.* 1500 a.C. (Museu Nacional de Atenas).**

Outra novidade foi a escrita: entre 1700 e 1450 a.C., os cretenses utilizaram uma escrita que os especialistas chamaram de *Linear A*, ainda hoje não decifrada. Mesmo antes, por volta de 2000 a.C., já existia em Creta um sistema de registro baseado em desenhos (por isso chamado hieróglifo). Em ambos os casos, é certo que a escrita era usada pelos palácios para o registro de suas atividades: o recebimento de tributos, os gastos de produtos, os pagamentos dos funcionários etc.

O palácio de Cnosso foi uma instituição muito poderosa: sabe-se, por exemplo, que controlava rebanhos de ovelhas em várias partes da ilha. A lã parece ter sido um dos principais produtos trocados pelos cretenses em seus contatos com o exterior. É possível também que Cnosso tenha dominado algumas populações vizinhas, devido ao seu poderio marítimo.

Muitos aspectos da sociedade cretense continuam pouco conhecidos. É o caso da religião: nas pinturas aparecem figuras femininas com seios nus e tendo às mãos serpentes, que alguns autores veem como uma deusa ou sacerdotisa ligada a

**Placa de argila com sinais de *Linear A*, a escrita cretense, *c.* 1700 a.C. (Museu Arqueológico de Heracleion).**

**No palácio de Cnosso, existiam vários compartimentos com jarros gigantes para armazenar suprimentos, *c.* 1450 a.C.**

Tauromaquia, afresco do Palácio de Cnosso.

rituais de fertilidade do solo; outro motivo muito comum é o touro, o que levou a pensar em um possível culto ao potencial fecundador desse animal. No entanto, a interpretação desses dados é muito duvidosa: algumas imagens podiam representar simplesmente cenas esportivas ou festivais, sem qualquer significado religioso.

A civilização cretense, também conhecida por minoica, sobreviveu até por volta de 1 450 a.C. Nessa época, muitas localidades desapareceram em meio a grandes incêndios. Não se sabe ainda os motivos dessa destruição. Uma das possibilidades é uma grande erupção vulcânica na ilha de Tera, que teria causado tremores de terra e maremotos, abalando o mundo cretense. No entanto, muitos historiadores consideram que a destruição foi causada por povos invasores. O certo é que, nesse mesmo momento, uma nova população começava a aparecer como senhora da região: os micênios.

**O Minotauro**

Uma lenda grega conta que o rei Minos, de Creta, mantinha encarcerado em um labirinto um ser monstruoso, com corpo humano e cabeça de touro. De tempos em tempos, as cidades gregas deviam enviar sete moços e sete moças para serem sacrificados pelo Minotauro.

Um dia, o rei Egeu, de Atenas, enviou seu próprio filho, Teseu, que conseguiu matar o monstro com a ajuda da filha de Minos, chamada Ariadne, que deu a Teseu um fio para encontrar o caminho de volta no labirinto.

A lenda talvez seja a lembrança de um passado em que Creta dominara Atenas.

**Tumba micênica em forma de cone, conhecida como *tholos*. A figura mostra a maior delas: o Tesouro de Atreu.**

## O período micênico

Essas populações vinham descendo do sul da Rússia e ocupando não só a península Balcânica, mas também as ilhas e a costa da Anatólia. Nessas regiões, fundaram muitas localidades e ocuparam outras já existentes. O principal centro da nova cultura foi Micenas, no Peloponeso.

Durante os séculos iniciais, entre 1600 e 1400 a.C., as novas populações não construíram grandes palácios ou fortificações. Viviam em tendas ou cabanas de madeira. Mas é interessante notar que, nessa época, os micênios já erguiam imensos túmulos de pedra em forma de cone, nos quais os guerreiros eram sepultados juntamente com grande quantidade de objetos feitos de materiais preciosos, especialmente ouro, e com grande refinamento técnico. Esses indícios mostram certamente a concentração de riquezas e a importância social dos grupos que participavam da guerra.

Depois de 1 400 a.C., entretanto, a situação mudou significativamente. No alto das colinas, foram erguidas fortalezas. O palácio passou a ocupar lugar de destaque e funcionava não só como residência real, mas também incorporava oficinas, armazéns, santuários e necrópoles. São sinais do fortalecimento dos reinos micênicos no mundo grego.

As escavações mostram também que os micênios mantiveram relações com várias regiões: muitos dos objetos encontrados nos sítios arqueológicos foram feitos com matérias-primas trazidas de locais distantes, como o estanho, o cobre, o âmbar e o ouro. Provavelmente, os palácios micênicos não estabeleceram colônias nessas regiões, mas foram capazes de organizar ex-

**Peça em ouro conhecida como a "máscara de Agamemnon", encontrada em uma tumba micênica, c. 1600 a.C, Museu Nacional de Atenas.**

O lápis-lazúli deste tabuleiro de jogo era um material raro, importado do Afeganistão, situado a mais de 3 500 quilômetros da Grécia.

pedições de busca de materiais e um sistema de trocas com locais distantes.

A escrita era conhecida e, como em Creta, parece ter sido usada sobretudo pelos palácios para registrar os impostos pagos pela população, a distribuição de bens e terras, os estoques dos armazéns, a situação dos rebanhos etc. A escrita micênica foi chamada de *Linear B* pelos estudiosos e sua decifração, na década de 1950, revelou que os micênios já falavam um dialeto grego.

As características gerais das sociedades cretense e micênica eram muito parecidas com as das civilizações do Oriente Próximo da mesma época, por exemplo, o Egito e a Mesopotâmia. Eram sociedades em que o palácio tinha papel central, não apenas como instituição de poder, mas também na vida econômica e cultural. Tanto no período cretense como no micênico, os palácios foram responsáveis por numerosas atividades econômicas (artesanato, agricultura, pastoreio, trocas), e parte da produção lhes era destinada na forma de tributo. O poder real, por sua vez, devia ser legitimado pela religião, e, certamente, existiu uma forte camada de guerreiros e sacerdotes.

Essas sociedades organizadas em torno de palácios continuaram existindo por todo o Oriente Próximo durante o 1º milênio, mas desapareceram na Grécia. Essa é uma diferença fundamental da trajetória histórica grega, que marcará sua originalidade.

Tablete com inscrição em *Linear B*, c. 1 400 a.C. (Museu Nacional de Atenas).

Por volta de 1 250 a.C., as sociedades micênicas começaram a desaparecer. Muitas explicações foram levantadas pelos historiadores: revoltas populares, lutas entre os estados micênicos, terremotos, mudanças climáticas que tornaram o clima muito seco e, mais uma vez, invasões de novas populações. De fato, as escavações mostram que, nessa época, os micênios estavam preocupados com sua defesa, aspecto verificado, por exemplo, no reforço dos muros que protegiam seus povoamentos. Além disso, muitos palácios foram arrasados, como o de Micenas, ou incendiados, como os de Pilos e Tirinte. Em alguns lugares, o abandono durou séculos.

Em torno do mundo micênico, a situação também estava tumultuada. Nessa época, povos invasores destruíram o império Hitita, na Ásia Menor, e várias turbulências foram verificadas na Mesopotâmia, na Síria, na Palestina e mesmo em partes da Europa ocidental. O Egito sofreu vários ataques, mas conseguiu resistir aos invasores. Em alguns registros nos documentos egípcios, encontramos referência a esses movimentos, as invasões dos "povos do mar", embora a origem das populações fosse possivelmente a Europa Central, perto do rio Danúbio.

É provável que as mudanças na Grécia também tenham sido decorrentes dessa mesma onda de invasões. No entanto, apesar de o sistema palacial ter desaparecido de forma brusca, a cultura micênica foi se desagregando lentamente, mantendo ainda forças para influenciar decisivamente a formação do mundo grego posterior.

**As grossas muralhas de pedra defendiam a acrópole de Micenas, servindo de proteção em caso de ataque.**

## 2. O mundo de Homero

Com o fim do mundo micênico, ocorreram muitas mudanças. As escavações arqueológicas mostram que, após 1 250 a.C., os palácios, as fortalezas e os grandes túmulos praticamente desapareceram do mundo grego. Houve também um empobrecimento material muito grande: nos sítios desse período, os materiais mais ricos e custosos são raros ou simplesmente não existem. As tumbas tornaram-se mais simples, e os mortos já não eram sepultados com riquíssimos tesouros. A cerâmica e os objetos de metal encontrados nas escavações apresentam uma técnica menos apurada.

Alguns povoados, como Pilos, foram totalmente abandonados e parece ter havido uma diminuição geral da população, resultado de conflitos e fugas. Além disso, os contatos e as trocas com o exterior quase desapareceram e a economia foi reorganizada para produzir o que era mais necessário à subsistência.

Outra mudança foi o total desaparecimento da escrita: pelo fato de ela ser usada pelos funcionários dos palácios micênicos, sua destruição levou ao abandono dos registros escritos. Em consequência da situação geral de decadência e da falta de documentos escritos, alguns historiadores chamam o período entre 1 200 e 800 a.C. de "Idade das Trevas".

No entanto, a imagem obscura e negativa de uma "Idade das Trevas" não é muito exata, principalmente porque o declínio concentrou-se nos 100 ou 150 anos iniciais do período. Depois, as populações locais e os invasores foram se reorganizando e formaram uma nova sociedade. A partir desse momento, houve até mesmo avanços tecnológicos consideráveis: um exemplo é a substituição progressiva do bronze pelo ferro na fabricação de armas e instrumentos. Outro sinal de recuperação é o crescimento da população e a ocupação pelos gregos da costa da Ásia Menor, a partir de 1 050 a.C. Também a produção de cerâmica se inovou, e os vasos passaram a ser novamente decorados, agora com motivos geométricos.

**Cerâmica do fim do período Micênico: a técnica é mais simples e a decoração começa a desaparecer.**

### Homero

O fato de a escrita ter desaparecido por 400 anos não significa que os relatos das guerras, as poesias, os mitos, os hinos religiosos etc. tenham deixado de existir. Ao contrário, continuaram sendo criados e transmitidos oralmente.

Quando a escrita ressurgiu, por volta de 800 a.C., essas tradições orais começaram a ser compiladas por escrito. Este é o caso da *Ilíada* e da *Odisseia*, dois longos poemas épi-

**Mesmo as figuras humanas são retratadas de forma geométrica. Esta enorme ânfora (1,55m) serviu como monumento para marcar o local de um túmulo, c. 750 a.C. (Museu Nacional de Atenas).**

**Busto de Homero. É possível que o poeta jamais tenha existido (Museu Capitolini, Roma).**

cos que sobrevivem até hoje. Os gregos antigos, em sua quase totalidade, acreditavam que esses poemas fossem obra de um único e genial poeta, chamado Homero. Hoje, sabemos que isso não é verdade. A *Ilíada* e a *Odisseia* são, certamente, fruto de uma longa tradição oral em que os poetas (chamados *aedos*) declamavam os episódios da guerra de Troia e as aventuras de Odisseu. Esses relatos eram cantados acompanhados por música, e passados de geração em geração, tendo sofrido muitas alterações e adaptações. Só mais tarde, cerca de 550 a.C., os poemas foram escritos pela primeira vez.

Assim, mesmo sendo posteriores à "Idade das Trevas", a *Ilíada* e a *Odisseia* são uma preciosa fonte escrita para os historiadores. Na verdade, os poemas acumulam e misturam informações sobre várias épocas: os fatos centrais narrados, como a guerra de Troia, remetem ao período micênico, mas os poemas informam, principalmente, como era a sociedade grega da "Idade das Trevas", também conhecida por período homérico.

## O alfabeto

Os gregos importaram e adaptaram o alfabeto inventado na Fenícia. As palavras passaram a ser escritas com letras que indicavam sons, abandonando os sinais silábicos. Com o alfabeto, a escrita deixou de ser monopólio de uma camada de especialistas, os escribas, que trabalhavam para o governo (como ocorria em Creta e Micenas).

O alfabeto grego era composto de 24 letras:

| Maiúscula/Minúscula | Denominação* |
|---|---|
| Α α | alfa |
| Β β | beta |
| Γ γ | gama |
| Δ δ | delta |
| Ε ε | epsilon |
| Ζ ζ | dzeta |
| Η η | eta |
| θ, ϑ | teta |
| Ι ι | iota |
| Κ κ | capa |
| Λ λ | lambda |
| Μ μ | mi |
| Ν ν | ni |
| Ξ ξ | xi ou csi |
| Ο ο | ômicron |
| Π π | pi |
| Ρ ρ | rô |
| Σ σ, ς | sigma |
| Τ τ | tau |
| Υ υ | ípsilon |
| Φ φ | fi |
| Χ χ | xi ou qui |
| Ψ ψ | psi |
| Ω ω | ômega |

* As denominações referem-se à pronúncia mais próxima encontrada na língua portuguesa.

### *Ilíada*

*Ílion* é o mesmo que Troia. A *Ilíada*, poema épico atribuído a Homero, possui mais de 15 mil versos e conta episódios da guerra de Troia. O motivo da guerra foi o rapto de Helena, mulher de Menelau, rei de Esparta, por Páris, príncipe de Troia. Para vingar o insulto, os gregos cercaram a cidade por dez anos e acabaram por destruí-la.

**Os guerreiros Menelau e Heitor lutam sobre o corpo estendido de Euforbos. Terracota, c. 600 a.C. (Museu Britânico).**

### *Odisseia*

É o segundo livro que os gregos atribuíam ao poeta Homero. Tem cerca de 12 mil versos e seu nome vem de Odisseu, rei de Ítaca, também conhecido por Ulisses. A *Odisseia* conta as aventuras de Odisseu em seu retorno à terra natal, depois do fim da guerra de Troia. Enquanto Odisseu esteve ausente, por vinte anos, vários pretendentes assediaram sua linda mulher, Penélope, e ambicionaram tomar posse de sua casa e suas riquezas. Ao chegar, Odisseu vingou-se, matando-os.

**Cena da *Odisseia* retratada em um vaso de 650 a.C.: Odisseu e seus companheiros furam o único olho de Polifemo, o Cíclope gigante (Museu Arqueológico, Argos).**

## A elite guerreira

Os poemas homéricos falam principalmente da vida da aristocracia guerreira, isto é, da camada mais poderosa e rica da sociedade.

Entre os guerreiros, havia um rei, mas ele não tinha um poder muito maior do que os demais nobres. Com o fim dos palácios micênicos, a realeza enfraqueceu-se e a aristocracia aumentou e consolidou seu poder. Ao que parece, o governo de cada localidade cabia agora a uma assembleia de guerreiros, que debatia e tomava as decisões importantes para a coletividade. O restante da população assistia à assembleia, mas apenas para ser informada das decisões, sem direito de debater ou intervir.

Nada indica que já existisse, na época homérica, um sistema de votação para resolver os problemas, mas o fato de uma camada da população reunir-se para debater já é um importante antecedente das formas de governo por assembleias que surgiriam séculos mais tarde na Grécia.

**Aristocracia**

*Aristoi*, na língua grega, indica "os melhores". Aristocracia é o governo dos que se consideram melhores do que os demais, ou seja, de uma minoria que compõe a elite (os mais ricos, os membros das famílias mais importantes, os bem-nascidos).

## Ideias, valores e comportamentos

A guerra ocupava lugar central na vida da aristocracia homérica. Por isso,

Jogos fúnebres em homenagem a Pátroclo, herói morto em combate (Museu Nacional de Atenas).

grande parte de suas ideias e comportamentos estava associada à atividade bélica.

Era na guerra que o homem mostrava seu valor e sua coragem. Seus atos buscavam não apenas a derrota do inimigo, mas também a conquista da admiração dos demais membros da sociedade. Quanto maiores seus feitos, maior o seu prestígio. A morte ocorrida no campo de batalha era valorizada pela sociedade homérica. Os funerais de um grande guerreiro — com a cremação de seu corpo em uma pira e os jogos que os companheiros faziam em sua homenagem — eram a ocasião para demonstrar seu valor e sua glória.

*Atirando sobre ele a terra, erguerão um túmulo sobre as bordas do imenso Helesponto. Assim, no futuro, ainda que longínquo, quando se atravessar o mar, exclamar-se-á: "Vede lá a tumba de um guerreiro morto outrora, de um valoroso que foi morto arrostando-se com o brilhante Heitor". Assim falarão, e minha glória jamais perecerá.*

(Homero — Ilíada)

As famílias aristocráticas relacionavam-se entre si de vários modos. A troca de presentes era um deles: os nobres ofertavam bens (armas, vasos de metal, taças, tecidos bordados etc.) e esperavam receber algo em troca. Também era comum receber e hospedar em suas casas outros aristocratas. Essas atitudes geravam alianças entre as famílias, que eram obrigadas a socorrerem-se em caso de necessidade. Homero conta-nos que, quando Páris, o príncipe de Troia, fugiu com a mulher de Menelau — quebrando as regras de hospitalidade —, vários guerreiros gregos juntaram-se para combater os troianos e resgatar a esposa, Helena.

*O divino Oeneus, em outros tempos, recebeu em seu próprio palácio o grande Belerofon. Ele o reteve lá durante vinte dias. Fizeram-se reciprocamente esplendorosos presentes: Oeneus ofereceu um cinturão de cor púrpura resplandecente; de Belerofon, ele recebeu uma taça com duas alças, feita de ouro, que, quando parti, deixei em meu palácio. [...] Assim, eu sou teu hóspede no interior da Argólida e tu és meu hóspede, na Lícia, para onde talvez retorne algum dia. Evitemos, doravante, a lança um do outro.*

*[...] Vamos! Façamos a troca de nossas armas: dessa forma, mostrar-se-á que somos ambos hóspedes hereditários, e não nos envergonhemos disso.*

(Homero — Ilíada)

O casamento também podia ser um modo de obter alianças: as mulheres eram trocadas entre as famílias como forma de selar sua amizade e garantir a ajuda recíproca. Assim, os laços familiares e de solidariedade eram essenciais. Era o vínculo com uma família que dava importância ao indivíduo. Do mesmo modo, eram as alianças entre as famílias que tornavam um grupo poderoso e respeitado. Além disso, eram os parentes que faziam as normas serem respeitadas e puniam os infratores, chegando a vingar-se quando um membro da família era atacado. A família funcionava como a esfera de resolução dos conflitos, pois não existiam no período homérico outras instituições capazes de cumprir esse papel (como os tribunais, que só surgiriam mais tarde).

## A economia e a sociedade

A família também ocupava um lugar de destaque na economia. As tarefas da produção, as trocas e o consumo dos bens tinham como base a unidade doméstica. Os gregos tinham um nome para esta unidade: *oikos*.

Na *Ilíada* e na *Odisseia* encontramos informações principalmente sobre o *oikos* aristocrático, pertencente aos nobres guerreiros. As famílias aristocráticas procuravam organizar suas economias de modo que garantissem o máximo possível do que era necessário à sobrevivência. As plantações, as criações de animais, a produção de ferramentas e utensílios e as trocas visavam, em primeiro lugar, assegurar o sustento do grupo, ou seja, do senhor e de sua família, dos trabalhadores dependentes do *oikos* e dos escravos.

Isso não significa que a produção do *oikos* fosse apenas suficiente para o autossustento. Ao contrário, os aristocratas eram os grandes beneficiados com a produção excedente de bens. O que sobrava podia ser guardado, como era feito com o azeite, o vinho e a lã, ou trocado por produtos de regiões distantes. Os metais obtidos pela troca também podiam ser armazenados. De fato, muitos nobres, em geral, possuíam tesouros riquíssimos, que eram usados para fazer alianças, casar os membros da família e obter prestígio social e poder.

Os aristocratas formavam uma minoria privilegiada. A maior parte da população era formada por homens e mulheres livres, porém pobres. Havia artesãos habilidosos, que conheciam técnicas especializadas e sobreviviam vendendo seus serviços de casa em casa; agricultores que possuíam poucas terras; pastores; pequenos comerciantes etc. Boa parte da população livre vivia como mão de obra dependente nas propriedades dos aristocratas.

Existia igualmente uma massa de trabalhadores que não estava associada a nenhum *oikos*, cuja situação era, por esse motivo, precária. Esses homens prestavam esporadicamente serviços em troca de pequenos pagamentos, de comida ou roupas: eram chamados *thetas*.

Os escravos existiam, às vezes em grande número, mas não eram fundamentais para o sistema de produção. No período homérico, a maioria dos escravos era formada por prisioneiros de guerra, especialmente mulheres, que exerciam diversas atividades nas casas e nos campos dos nobres.

Assim, a sociedade homérica era composta por três camadas principais: a nobreza aristocrática, que concentrava riqueza, prestígio e poder; uma massa muito diversificada de pessoas livres, que incluía desde os miseráveis *thetas* até artesãos bem remunerados; e, finalmente, escravos, concentrados em atividades domésticas.

Depois do período homérico, a escravidão ganharia importância e passaria a ser a base da economia grega.

**Oikos**

A palavra grega *oikos* significa casa. Mas não apenas o prédio residencial: o *oikos* era um conjunto complexo, incorporando as propriedades da família, as terras, os instrumentos, os parentes, os escravos, os dependentes, o gado etc. Da palavra *oikos* originou-se economia, que a princípio significava "a administração do *oikos*".

## 3. O período arcaico: o surgimento da cidade

Entre os séculos VIII e VI a.C., as comunidades gregas passaram por grandes mudanças sociais, econômicas, políticas e culturais, que levaram ao surgimento de uma nova forma de organização da vida social: a cidade. Os gregos antigos chamavam essa nova realidade de *pólis*. A *pólis* era um centro urbanizado, com edifícios públicos, praças, templos, habitações e oficinas. Em seu redor, ficavam os campos de cultivo, que faziam parte de seu território. Mas a *pólis* grega era também um tipo de Estado, organizado para que a comunidade decidisse como viver por meio da política. Por isso dizemos que a *pólis* é uma cidade-estado.

A partir do período arcaico, as comunidades gregas formaram diversas cidades-estados independentes, que nunca se reuniram em um único país. A fragmentação foi uma das características da história grega: as populações tinham a mesma cultura e falavam a mesma língua, porém viviam em pequenas comunidades autônomas, que buscavam decidir seu próprio destino.

**Acrópole**

Em grego, a palavra significa "cidade alta". A construção de partes importantes dos povoados no alto das colinas foi uma característica da antiga Grécia, permitindo aproveitar o relevo montanhoso da região. A acrópole geralmente era bem fortificada, servindo de local de defesa em caso de ataques e invasões.

**A acrópole de Atenas, rodeada por poderosas muralhas.**

## Crise e colonização

O período arcaico foi também uma época de crise. A economia crescia e diversificava-se, levando ao aumento da população e à necessidade de cultivar mais terras para alimentá-la. No entanto, ao mesmo tempo, ocorria a concentração das terras nas mãos dos aristocratas. Os agricultores que possuíam pequenos campos acabavam endividando-se e tendo de entregar suas propriedades aos nobres. Muitas vezes, o próprio camponês ou membros de sua família tornavam-se escravos por não poderem pagar suas dívidas.

Essa situação gerou muita tensão e insatisfação, e várias soluções foram tentadas. Uma delas foi a colonização: a partir de 750 a.C., as cidades gregas começaram a enviar parte de sua população para outras regiões, em busca de mais recursos para sua sobrevivência e para fundar novas cidades. Durante os duzentos anos seguintes, os gregos espalharam-se pelo Mar Mediterrâneo e criaram mais de 150 cidades, como Nápoles, Marselha, Bizâncio, Cirene e Siracusa. Os gregos antigos preferiram povoar as regiões costeiras.

As novas cidades não eram dependentes nem exploradas pela cidade-mãe. Ao contrário, cada uma formava uma *pólis* autônoma, com sua própria organização política e seu corpo de cidadãos. A cidade-mãe auxiliava a colônia por algum tempo; depois, permaneciam apenas os laços religiosos e de amizade. Com a colonização, as cidades gregas esperavam resolver os problemas causados pelo excesso de popula-

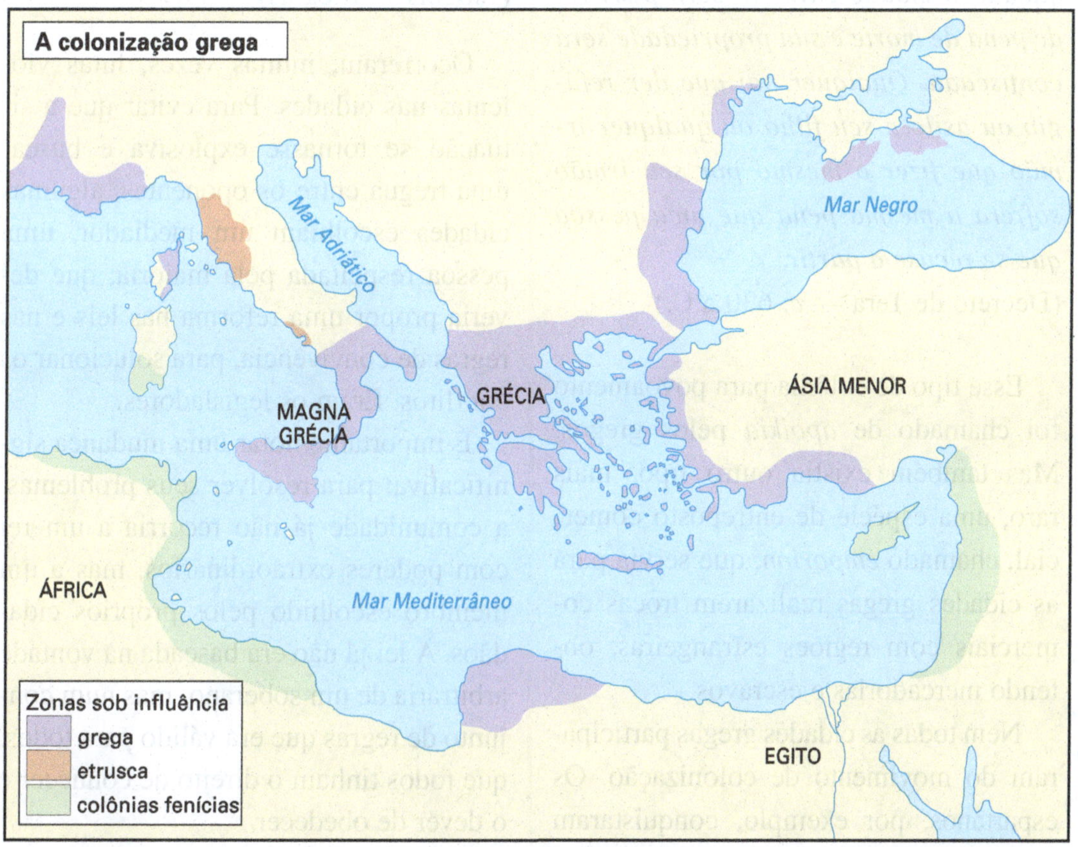

ção. Muitas vezes, uma parte dos habitantes era obrigada a partir para fundar uma nova cidade, como ocorreu em Tera:

*Foi resolvido pela Assembleia [de Tera]:*

*Visto que Apolo espontaneamente ordenou a Batos e aos terenses que colonizassem Cirene [no norte da África], os terenses estão decididos a enviar Batos à Líbia, como chefe e soberano, e os terenses velejarão como seus companheiros. Viajarão em termos iguais, de cada lar um filho de cada um. Os varões em sua primeira juventude devem ser recrutados em todos os distritos. Dos outros terenses, qualquer homem livre poderá viajar, se quiser.*

*[...] Aquele que se recusar a partir quando a cidade enviá-lo será passível de pena de morte e sua propriedade será confiscada. Qualquer pai que der refúgio ou asilo a seu filho ou qualquer irmão que fizer o mesmo por seu irmão sofrerá a mesma pena que uma pessoa que se recuse a partir.*

(Decreto de Tera — *c.* 630 a.C.)

Esse tipo de colônia para povoamento foi chamado de *apoikia* pelos gregos. Mas também existia outro tipo, mais raro, uma espécie de entreposto comercial, chamado *emporion*, que servia para as cidades gregas realizarem trocas comerciais com regiões estrangeiras, obtendo mercadorias e escravos.

Nem todas as cidades gregas participaram do movimento de colonização. Os espartanos, por exemplo, conquistaram os territórios vizinhos da Lacônia e da Messênia e submeteram suas populações. Atenas seguiu outro caminho: procurou reformar suas leis para solucionar a crise.

## Legisladores e tiranos

No século VI a.C., os conflitos tornaram-se bastante graves. Os camponeses, empobrecidos, exigiam a redistribuição das terras e o fim da escravidão por dívidas. Por sua vez, os aristocratas tentavam manter seus privilégios e reagiam contra a perda de sua importância social e política:

*Os que outrora não conheciam nem direito nem leis, e que mal enrolavam nos flancos suas peles de cabra e viviam fora da cidade como cervos, estes é que agora são os bons. E os que antes eram bons, agora são gente vulgar. Quem poderá suportar este quadro?*

(*Teógnis* — Elegias)

Ocorreram, muitas vezes, lutas violentas nas cidades. Para evitar que a situação se tornasse explosiva e buscar uma trégua entre os oponentes, algumas cidades escolhiam um mediador, uma pessoa respeitada pela maioria, que deveria propor uma reforma nas leis e nas regras de convivência, para solucionar os conflitos. Eram os legisladores.

É importante notar uma mudança significativa: para resolver seus problemas, a comunidade já não recorria a um rei com poderes extraordinários, mas a um membro escolhido pelos próprios cidadãos. A lei já não era baseada na vontade arbitrária de um soberano, mas num conjunto de regras que era válido para todos, que todos tinham o direito de conhecer e o dever de obedecer.

Em Atenas, foi eleito Sólon, no ano de 594 a.C. A reforma que Sólon apre-

sentou procurou acabar com a crise cancelando as dívidas e extinguindo a escravidão por endividamento entre os cidadãos atenienses. Mas Sólon não redistribuiu as terras nem alterou profundamente a estrutura social e política de Atenas. Ao invés disso, aceitou as desigualdades e buscou preservar os aristocratas, como demonstram os poemas que escreveu:

*Ao povo dei apenas tanto poder quanto o suficiente; não tirei seus direitos nem concedi mais. Quanto aos que tinham o poder e eram honrados pela riqueza, procedi de igual maneira, para que não sofressem nada indecente. Levantei-me e proporcionei um forte escudo a ambas as partes e não permiti a ninguém uma vitória injusta.*
(*Sólon* — Fragmento 3)

As reformas apaziguaram a situação por algum tempo, mas não eliminaram as causas das tensões. Havia uma busca por igualdade, econômica e social, e as camadas pobres e excluídas da população queriam conquistar mais espaço de participação política.

A partir de meados do século VII a.C., surgiria em várias cidades gregas um fenômeno novo: a tirania. Aproveitando a situação tumultuada, o tirano conseguia obter apoio popular para se tornar um governante autoritário, com poderes extraordinários. Em geral, o tirano governava sem respeitar as regras políticas vigentes, recorrendo à expulsão e ao assassinato dos adversários.

As ações da tirania, normalmente, beneficiavam a população mais empobrecida que a apoiava (por meio de empréstimos, leis, obras públicas etc.), ao mesmo tempo que contrariava a aristocracia, limitando seu poder e sua importância. Em Atenas, a tirania foi instalada em 546 a.C., com Psístrato, e continuou após sua morte, com seus filhos Hípias e Hiparco, até 510.

## A Revolução Hoplítica

A guerra ocupava lugar importante na sociedade grega. Grande parte da vida dos homens era dedicada ao treinamento e à luta.

No período homérico, a função de guerreiro era um privilégio dos nobres. Apenas os aristocratas tinham condições materiais para obter equipamento necessário, custear as carruagens e para participar das longas campanhas, que os afastavam dos trabalhos diários. Por outro lado, a participação nas batalhas garantia à nobreza homérica mais riquezas, prestígio social e domínio político. Os guerreiros lutavam individualmente, buscando a glória pessoal, característica típica da guerra homérica.

No período arcaico, porém, a forma de guerrear mudou muito. Agora, os guerrei-

**Código de Gortina, do século V a.C., gravado em uma parede à vista de todos.**

**Tirania**

A palavra tirania ganhou sentido negativo com o passar do tempo, mas os gregos não a entendiam assim no princípio. Para eles, o tirano era simplesmente o que havia chegado ao poder por meios não convencionais, sem pertencer a uma linhagem de reis. Por exemplo, aproveitando um momento conturbado para dar um golpe de estado ou, como Édipo, que ganhou o trono de Tebas por ter decifrado o enigma da Esfinge.

Guerra homérica: combate individual entre dois guerreiros, identificados pelas feições diferentes e pelos nomes inscritos no vaso: Aquiles e Pentesileu (Museu Britânico).

ros formavam um exército compacto, a "falange hoplítica".

Os hoplitas eram soldados de infantaria, equipados com armadura, escudo, lança e espada. Formavam um grupo que atacava e defendia de modo coordenado (daí a presença do flautista na ilustração, para marcar o compasso). Na falange hoplítica, não havia lugar para heroísmos individuais; a vida de cada um dependia de seu companheiro. A participação das camadas mais populares na guerra abriu caminho para que exigissem também o direito de participação política.

Guerra hoplítica: o combate opõe coletividades, não indivíduos. O ataque e a defesa devem ser feitos conjuntamente para que o grupo tenha sucesso. Vaso Chigi, c. 640 a.C. (Museu Nacional de Villa Giulia, Roma).

A nova forma de guerrear era fruto de profundas mudanças sociais e mentais do período arcaico. A falange expressava uma atitude coletiva diante da vida, na qual o importante era o destino do grupo como um todo, mais do que as vantagens e as honras pessoais. Sobretudo buscava o sucesso da cidade contra seus inimigos.

Na poesia dessa época, além do grande homem, herói ou esportista, a cidade também é exaltada:

*Zeus, salvador, venho pedir que glorifiques esta cidade por seus ilustres triunfos e dês ao vencedor olímpico uma velhice tranquila.*

(*Píndaro* — V Olímpica)

## A moeda

No final do período arcaico, outra novidade completou o quadro de transformações: o aparecimento da moeda. Não se trata de uma invenção grega. O mais provável é que tenha surgido no reino da Lídia, na Ásia Menor, mas foi na Grécia que ela se difundiu.

A colonização e a presença dos gregos no Mar Mediterrâneo provocaram o aumento das trocas de produtos com outras regiões. No entanto, durante dois séculos, os gregos fizeram essas trocas sem o uso da moeda, o que sugere que os motivos para seu aparecimento não foram econômicos ou comerciais. Além disso, no princípio não eram feitas moedas de pequeno valor, o que sugere que não eram utilizadas nas transações do dia a dia. As escavações arqueológicas mostram, aliás, que, nos primeiros tempos, as moedas gregas apareceram em poucos lugares fora da Grécia, ou seja, sua difusão foi restrita.

**Moedas gregas: a) prata, com a coruja, símbolo de Atenas b) prata, com o deus Apolo c) electron, uma liga natural de prata e ouro.**

Alguns historiadores acreditam que as primeiras moedas foram cunhadas para pagar os mercenários (soldados contratados para lutar pela cidade) que, sendo estrangeiros, não podiam receber terras como pagamento.

Tudo indica, no entanto, que a moeda não foi um fenômeno estritamente econômico. Ela fazia parte de uma tendência do período arcaico de estabelecer regras e medidas. Assim como as leis eram feitas para todos, a moeda poderia oferecer um padrão uniforme e estável, com o qual seriam indicados os valores de todas as coisas, de uma casa até um vaso ou um dia de trabalho de um camponês.

A moeda também teve um importante aspecto político: as cidades cunhavam moedas com os desenhos de seus símbolos, seus deuses protetores e seus principais produtos para demonstrar a sua independência. A moeda passou a ser um sinal de autonomia numa época em que a cidade-estado buscava se estabelecer perante seus vizinhos.

## 4. A época clássica: a Grécia das cidades

O período arcaico preparou o terreno para o surgimento das cidades-estados da época clássica. Nos séculos V e IV a.C., as comunidades gregas organizaram-se basicamente de dois modos diferentes: em algumas cidades, como Atenas, adotou-se um governo democrático; em outros, como Esparta, o governo permaneceu nas mãos de uma aristocracia.

### A democracia ateniense

No mundo moderno, democracia significa basicamente um regime político em que as pessoas escolhem os seus governantes pelo voto. Os países são considerados democráticos quando garantem as liberdades dos cidadãos e não oprimem os indivíduos e os grupos sociais por meio de atos autoritários. No entanto, o papel do cidadão limita-se, na prática, à eleição de um corpo de políticos, que exercem, de fato, o poder.

Os gregos antigos tinham uma ideia muito diferente de democracia. Em pri-

**Democracia**

*Demos*, para os gregos, era o povo, o conjunto de pessoas que habitava uma região, que formava uma cidade. Mas também podia significar o populacho, os mais pobres. *Cratos* significa poder. Democracia é o governo da cidade pelo povo.

**A maquete dá uma ideia de como foi a acrópole de Atenas durante o período clássico.**

meiro lugar, quase não havia eleições. Isso só ocorria excepcionalmente, como na escolha de um comandante militar. Logicamente, o funcionamento da cidade dependia do preenchimento de vários cargos (por exemplo, os juízes que julgavam os crimes ou os membros do Conselho dos 500), mas a regra era o sorteio: os gregos acreditavam que, sendo todos os cidadãos aptos à participação política, todos podiam e deviam ocupar as magistraturas. Assim, os cidadãos exerciam os cargos públicos por um período curto, um ou dois anos, e cediam lugar a outros, escolhidos por novo sorteio.

Em Atenas, como nas demais cidades democráticas, não havia propriamente um Estado composto por governantes e funcionários. Cada decisão importante era tomada pelo conjunto dos cidadãos que participava da Assembleia (*ecclesia*), que se reunia na *Pnyx*. Nesse espaço aberto, os atenienses discutiam seus problemas coletivos e decidiam como administrar a *pólis*: em que aplicar o dinheiro, com quem guerrear ou fazer alianças, quais obras construir etc.:

*Pelo fato de o Estado, entre nós, ser administrado pelo povo e não por uma minoria, nosso regime tomou o nome de democracia. No que diz respeito às divergências particulares, a igualdade é assegurada a todos pelas leis, mas no que se refere à vida pública, cada um obtém reconhecimento em virtude de seu mérito, e a classe a que pertence importa menos que seu valor pessoal. Enfim, ninguém se constrange pela pobreza ou pela obscuridade de sua condição pessoal, se puder prestar serviços à cidade.*

(*Discurso de Péricles: Tucídides* — História da Guerra do Peloponeso)

A democracia exigia uma participação ativa de seus cidadãos. Era uma militância, que implicava disposição constante e a possibilidade de afastar-se de negócios privados para dedicar-se à política. A democracia ateniense só foi possível porque havia uma forte consciência coletiva, ao menos em grande parte dos cidadãos, de que a melhor forma de governar o destino da cidade seria por intermédio de um sistema em que o poder repousasse na maioria e não nas mãos de um rei ou de um tirano. No entanto, a democracia não agradava a todos os atenienses: justamente porque permitia a participação política de todos os cidadãos, sofria fortes ataques dos aristocratas:

*Em todas as nações, as melhores pessoas são contrárias à democracia. Pois, nos estados aristocráticos, o excesso e a injustiça são mínimos, enquanto a disciplina é altamente prezada. A grosseria, a desordem e a malandragem, porém, atingem seu cume num governo popular.*

*[...] O povo comum não deseja uma cidade com boas leis, na qual eles seriam escravos, mas desejam ser livres e governar.*

(*Pseudo-Xenofonte* — A constituição de Atenas)

A democracia implicava igualdade de direitos políticos entre os cidadãos. Isso não incluía as mulheres, os escravos ou os estrangeiros residentes na cidade.

Entre os atenienses, a ideia de democracia não significava, em geral, a igualdade social ou econômica. Ao contrário, o sistema político garantia as condições institucionais e as normas legais para que todo cidadão tomasse parte da vida cívica, porém, ao mesmo tempo, permitia grandes diferenças de riqueza e de prestígio social. A originalidade do modelo ateniense reside no fato de que essas diferenças tiveram pouca importância no jogo político da cidade.

**Ostracismo**

Atenas tinha vários meios de defender seu regime; um deles era o ostracismo, isto é, a expulsão da cidade de pessoas que representavam perigo para as instituições democráticas. O exílio devia durar dez anos, e o cidadão não perdia seus bens. No entanto, era uma medida extrema e foi usada poucas vezes.

**As ostracas eram fragmentos de cerâmica ou pedra, usados para indicar alguém que deveria ser expulso da cidade (Museu de Ágora, Atenas).**

## Clístenes

O funcionamento do sistema democrático exigiu uma reforma profunda nas instituições políticas da cidade. Isso foi possível com o fim da tirania, que permitiu o retorno de muitos exilados a Atenas. Entre eles estava Clístenes, da influente família Alcmeônida.

A partir de 508, Clístenes iniciou as mudanças que diminuíram a importância das famílias aristocráticas e aumentaram o poder do povo comum, o *demos*. Até a chegada de Clístenes, a Ática estava dividida em quatro tribos, e a população mantinha-se sob o domínio das famílias poderosas locais. Clístenes alterou essa divisão, ampliando para dez o número de tribos. Cada uma era formada por pessoas de lugares diferentes, do litoral, da montanha e da planície. Essa nova divisão geográfica diminuiu a influência das dependências de parentesco e consolidou a união entre as pessoas do *demos*.

Clístenes também criou — ou reformulou, segundo outras versões — a *boulê*, um Conselho formado por quinhentos membros (cinquenta de cada tribo) que preparava os trabalhos da Assembleia, sendo um importante órgão administrativo da democracia.

## Esparta

A trajetória política de Esparta foi bem diferente, e lá o regime democrático jamais penetrou. Em plena época clássica, Esparta conservava uma dupla realeza: dois reis, escolhidos entre os membros de duas famílias importantes (os Ágidas e os Euripontides), os quais ainda mantinham grande importância religiosa, poderes políticos e, principalmente, funções militares (em tempo de guerra, um deles recebia o comando supremo dos exércitos). Mas a realeza espartana não era absoluta, isto é, seus poderes eram contidos por outros organismos e magistrados.

Esparta também tinha a sua Assembleia (chamava-se *apella*), formada por homens livres que possuíam certa condição social. No entanto, era uma assembleia muito menos poderosa do que a ateniense. Embora escolhesse os magistrados, sua influência era pequena e parece que, em seu meio, não ocorriam verdadeiras discussões políticas sobre a administração da cidade, como era costume em Atenas.

Guerreiro persa. Decoração do Palácio de Dario I, em Susa (Museu Arqueológico, Teerã).

Grande parte do poder estava, de fato, nas mãos da *Gerúsia*: um grupo de trinta anciãos (com mais de sessenta anos e que exerciam o cargo vitaliciamente), em que estavam incluídos os dois reis. Era a *Gerúsia* que propunha as leis e atuava como tribunal em várias causas.

Os magistrados mais importantes eram os *éforos*, que formavam um colégio de cinco membros, escolhidos para exercerem o cargo por um ano, sem direito à reeleição. Seus poderes eram imensos: controlavam grande parte da vida espartana (especialmente a educação dos novos guerreiros), coordenavam a mobilização das tropas, julgavam e impunham limites à atuação dos reis, impedindo que se tornassem monarcas tirânicos.

Em suma, pode-se afirmar que o sistema político de Esparta, apesar da presença dos dois reis, era, acima de tudo, uma oligarquia: o poder estava concentrado em uma camada reduzida da elite guerreira.

## As guerras greco-pérsicas

Em meados do século VI a.C., os persas, liderados pelo rei Ciro, começaram a conquistar vários territórios: a Média, a Lídia, o império Babilônico e boa parte da Ásia Menor. Mais tarde, Cambises, sucessor de Ciro, conquistou o Egito. Os reis persas que assumiram o poder depois de Cambises, Dario e Xerxes, avançaram sobre as cidades gregas, conquistando e destruindo muitas delas, especialmente na costa da Ásia Menor, região chamada Jô-

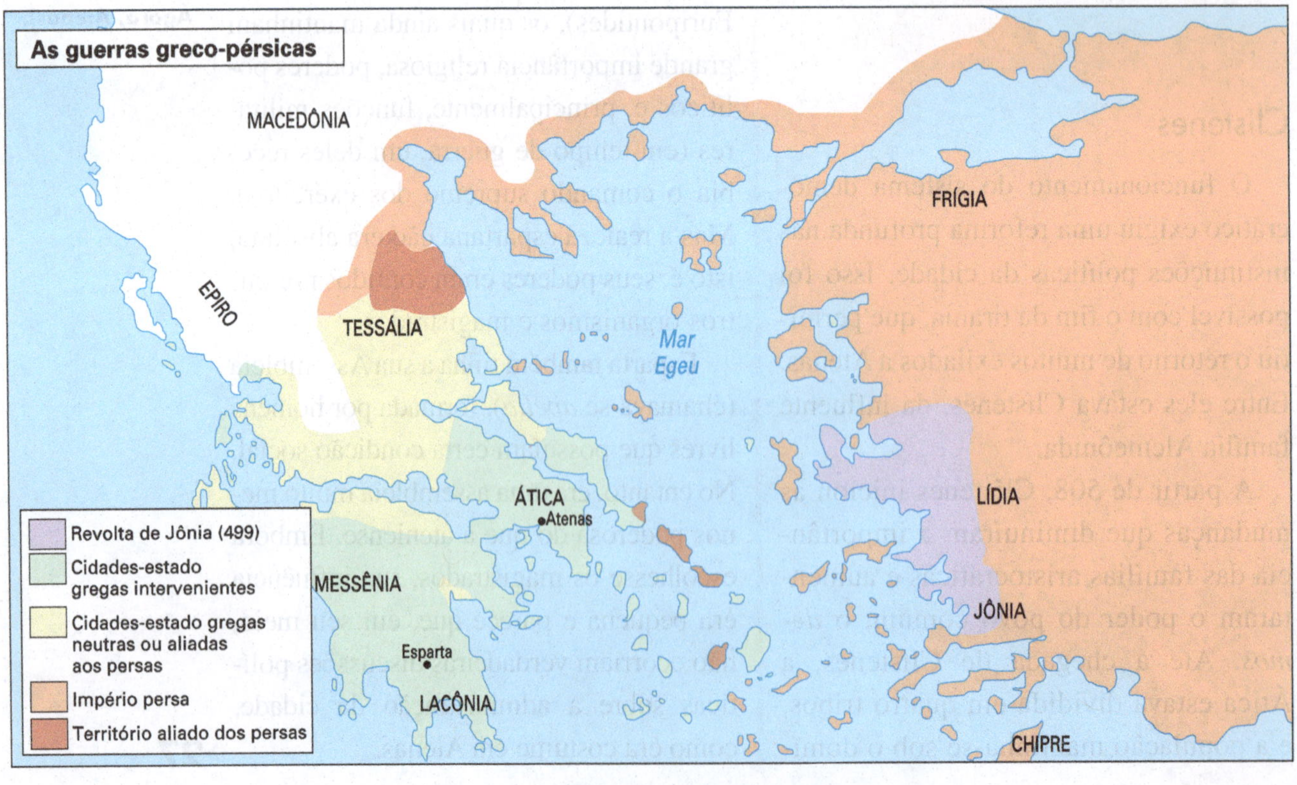

nia. Tempos depois, os persas chegaram à própria Península Balcânica, devastando a Ática, região onde se localizava Atenas.

Muitos gregos aliaram-se aos persas, mas várias cidades uniram-se para combater e expulsar os invasores. Os principais líderes da reação grega foram os espartanos (detentores de um poderoso exército terrestre) e os atenienses (muito fortes no mar). A guerra durou de 490 a 479 a.C., quando os gregos venceram a batalha de Plateia.

Em grande parte, a união das cidades gregas foi possível porque, apesar das diferenças e disputas políticas, elas compartilhavam a mesma cultura. Os gregos viam a si mesmos como defensores de um modo de vida civilizado contra a ação dos invasores de costumes bárbaros, ou seja, povos que não viviam em cidades autônomas e estavam submetidos a um monarca absoluto.

## A guerra do Peloponeso

Após a vitória contra os persas, os atenienses fortaleceram-se e começaram a montar uma rede de alianças com várias cidades, a chamada *Liga de Delos*. Atenas exercia um intenso domínio sobre as cidades aliadas, cobrava-lhes tributos, exigia cooperação militar e chegou a impor-lhes o regime democrático. A Liga de Delos aumentou o poderio militar de Atenas e permitiu sua expansão e seu enriquecimento. Nesse período, Atenas chegou ao apogeu sob a liderança de Péricles. A arquitetura monumental da cidade mostra bem isso: vários templos foram erguidos, a cidade encomendou estátuas a seus melhores artistas para embelezar seus edifícios, suas ruas e praças.

**A estrutura palaciana era o centro do poder na Pérsia. Na Grécia, tinha desaparecido há séculos. Palácio de Apadana, em Persépolis.**

**O Partenon: principal templo de Atenas, dedicado à deusa Palas-Atena. Em sua construção, entre 447 e 432 a.C., foram usados recursos dos aliados de Atenas.**

O poder ateniense, contudo, logo incomodou seus vizinhos. Esparta aliou-se a outras cidades para impedir o avanço de Atenas. As batalhas começaram em 431 a.C., com vitórias ora para os atenienses, ora para os espartanos. Mas logo na primeira fase da guerra uma peste atingiu Atenas, matando grande parte da população, incluindo Péricles, líder máximo da democracia ateniense. A guerra não foi contínua; houve várias tréguas e, em 421 a.C., chegou-se a assinar um tratado de paz, que, no entanto, não durou muito. Em 415 a.C., Atenas sofreu um duro golpe: uma expedição enviada à Sicília foi brutalmente derrotada; duzentos barcos foram destruídos, milhares de homens morreram e o comandante, o general Alcibíades, passou para o lado espartano.

É importante ressaltar que o apoio da população a essas guerras não foi absoluto. Na própria cidade de Atenas havia uma forte oposição à guerra. Nos teatros, as peças de Aristófanes mostravam o descontentamento da população com a situação de penúria e com seus líderes políticos, como mostra o texto abaixo:

**Péricles, líder máximo da democracia ateniense. Busto de mármore (Museu Britânico).**

Dikeópolis: — *Eu odeio os espartanos tanto como aquele que mais os detesta. Que Posêidon reduza a ruínas a sua cidade, pois também fizeram cair meus rendimentos. Entretanto, por que acreditar que eles são a causa de todos nossos males? [...]*

Lâmaco: — *Farei sempre a guerra a todos os espartanos. Irei hostilizá-los quanto possa e persegui-los com todas as minhas forças terrestres e marítimas.*

Dikeópolis: — *Pois eu anuncio a todos os espartanos, megarenses e beócios que podem vir comprar e vender em meu mercado.*

(*Aristófanes* — Os arcanienses)

O próprio regime democrático passou a ser questionado e ocorreram tentativas, apoiadas por Esparta, de estabelecer um governo oligárquico. Em 404 a.C., Atenas finalmente se rendeu. Como consequência, instalou-se a Tirania dos Trinta: um conselho de trinta pessoas passou a governar a cidade, ordenando várias execuções (presume-se que tenham sido mortas cerca de 2 500 pessoas). Apesar da vitória, Esparta não manteve o domínio sobre a derrotada Atenas e seus aliados por muito tempo, nem pôde aproveitar a situação para se tornar senhora da Grécia, pois já outras potências, como Tebas, estavam se consolidando. A própria Atenas logo reconquistou a sua autonomia e restaurou o regime democrático.

# 5. Sociedade e economia

Por todo o mundo grego, vemos cidades governadas por uma camada maior ou menor de cidadãos. Algumas eram democráticas; outras, oligárquicas ou aristocráticas. Mas em todas havia também uma enorme massa de mão de obra explorada economicamente, excluída do poder político, que ocupava as posições inferiores da sociedade.

## A sociedade ateniense

Em Atenas, como no resto da Grécia, a escravidão foi amplamente utilizada. A partir do período arcaico, a escravização dos que não conseguiam pagar suas dívidas foi sendo limitada ou abolida, pois atingia os próprios gregos, gerando tensões e resistências na comunidade. Já na época clássica, a maior parte dos escravos era formada por prisioneiros de guerra e pessoas compradas no exterior, além de filhos de escravos nascidos nas próprias cidades.

A escravidão não era a única fonte de trabalho: muitos pequenos proprietários cultivavam seus campos apenas com a ajuda da família ou de assalariados contratados em épocas de maior necessidade, como o plantio e a colheita. Em muitos setores, a mão de obra livre era bastante empregada, como nas oficinas artesanais e no comércio. Todavia, o trabalho escravo era predominante, utilizado largamente na agricultura, na exploração das minas, nos serviços domésticos e mesmo na administração pública: em Atenas, escravos eram empregados como escribas ou para policiar as ruas.

Apesar de os escravos serem considerados, em princípio, uma mercadoria que podia ser comprada, vendida ou alugada, as condições em que viviam eram muito desiguais: alguns trabalhavam nas próprias residências de seus senhores, em posição de total confiança e gozando de privilégios; outros tinham permissão para exercer atividades profissionais no tempo livre, podendo ajuntar seu próprio dinheiro. Contudo, havia também os que amargavam situações extremamente duras, trabalhando nos campos ou nas minas. Evidentemente, o escravo estava excluído da vida política, embora possuísse alguns direitos garantidos pela lei.

É impossível saber os números exatos, mas a população escrava era muito maior do que a de cidadãos adultos do sexo masculino. Por volta de 430 a.C., Atenas devia ter cerca de 100 mil escravos para aproximadamente 30 ou 40 mil cidadãos (somando-se mulheres e crianças, a população livre atingia entre 110 e 180 mil pessoas).

Em Atenas, existia ainda uma categoria intermediária: os *metecos*. Eram homens livres, estrangeiros residentes na

**Mulher moendo trigo em um moinho de pedra. Grande parte da produção para a subsistência era feita em casa pela família (Museu Nacional de Atenas).**

cidade, que se dedicavam a muitos negócios considerados inadequados para o cidadão ateniense (especialmente o comércio, as manufaturas e as atividades bancárias). Era uma categoria numerosa, talvez tão grande como a de cidadãos. Por regra, os metecos não podiam ser proprietários de terras e não tinham participação política. Pagavam impostos e taxas especiais e, várias vezes, foram recrutados para combater ao lado dos cidadãos. Quando os escravos eram libertos, tornavam-se metecos.

## Escravidão e cidadania

Não havia contradição entre a democracia antiga e a escravidão. Na realidade, era o fato de uma massa de cativos trabalhar compulsoriamente que garantia a liberação dos cidadãos para a participação política.

A escravidão não foi apenas um aspecto econômico central da vida grega, mas também influenciou profundamente sua mentalidade. Como o trabalho estava associado à escravidão, era geralmente desvalorizado, visto como atividade inferior, que não cabia ao cidadão:

*Os ofícios que se chamam de artesanais são muito mal vistos e é por certo natural que gozem de grande descrédito nas cidades. Eles arruínam fisicamente os que a eles se dedicam e os que deles se ocupam, obrigando-os a viver sentados e à sombra, às vezes mesmo a passar o dia inteiro junto ao fogo. Os corpos ficando assim maltratados, as almas, por sua vez, tornam-se bem menos robustas. Além disso e sobretudo, os ofícios chamados artesanais não deixam a quem os pratica nenhum ócio para cultivarem os amigos e a cidade. Dessa forma, passam por maus amigos e medíocres defensores de sua pátria. Eis por que em algumas cidades, especialmente as que têm uma reputação militar, é até mesmo proibido que os cidadãos pratiquem ofícios de artesão.*
(*Xenofonte* — Econômica)

*É claro que os cidadãos não devem levar uma vida de artesãos, nem uma vida de comerciantes — tais vidas são ignóbeis e opostas à virtude —, e os que são chamados à vida cívica não devem também ser agricultores. A aquisição da virtude e a atividade política necessitam, uma e outra, do ócio.*
(*Aristóteles* — Política)

O ideal grego valorizou o ócio, mas não como um tempo livre inútil e vazio, e sim como a possibilidade de o cidadão dedicar-se à cidade, à política. Não é à toa que Hefesto, o deus dos ofícios artesanais, era representado como um ser deformado, que vivia separado dos demais deuses. Contudo, nem todos os gregos condenavam o trabalho, especialmente se ele representava uma necessidade para alguns cidadãos:

*Sólon dirigiu seus concidadãos para os ofícios artesanais e redigiu uma lei que dispensava um filho da obrigação de alimentar seu pai quando este não lhe tivesse feito aprender um ofício. [...] Sólon, que adaptava as leis às coisas, em lugar de adaptar as coisas às leis, e via a pobreza natural do território, que somente oferecia uma subsistência medíocre aos cultivadores e era incapaz de alimentar uma multidão indolente e ociosa, exaltou os ofícios e levou o Areópago a examinar de onde cada um tirava seus recursos e a punir os preguiçosos.*
(Plutarco — *Vidas paralelas — Sólon*)

Um artesão faz os últimos retoques em um capacete de bronze. Na parede, estão penduradas suas ferramentas.

Na prática, nem todos os cidadãos podiam escapar da atividade produtiva ou possuíam escravos e terras suficientes. Por isso, a participação política variou muito de pessoa para pessoa. O camponês pobre, embora livre e gozando de todos os direitos políticos, raramente comparecia à assembleia e só podia ocupar um cargo público quando era remunerado.

É importante salientar o predomínio da mentalidade escravista. A sociedade grega nunca se imaginou sem a existência do trabalho dos cativos e sem a exclusão desse grupo da vida política. Mesmo os escravos jamais conseguiram formular um projeto consistente alternativo à escravidão. Um dos motivos para isso foi que os escravos provinham das mais diferentes realidades estrangeiras, e não falavam sequer a mesma língua. Era difícil obter um consenso para lutar contra seus senhores. Mas a principal razão para a ausência de revoltas que propusessem uma nova sociedade, sem escravos e senhores, foi que a ideia e a prática da escravidão eram consideradas naturais na Antiguidade, mesmo entre os escravos. De fato, em toda a história grega, não temos notícia de nenhuma revolta escrava.

> *Por natureza, na maior parte dos casos, há o que comanda e o que é comandado. O homem livre comanda o escravo, da mesma forma que o macho à fêmea e o adulto à criança. E, todavia, as partes da alma existem em todos, mas existem de maneira diferente: o escravo está totalmente privado da parte deliberativa; o sexo feminino a possui, mas sem a possibilidade de decisão; a criança a tem incompleta. [...] Estabelecemos que o escravo é útil para as necessidades da vida. Fica, portanto, claro que ele não tem a necessidade senão de pequena parcela de virtude. O suficiente para apenas não ficar inferior à sua tarefa, por desregramento ou negligência.*
> (*Aristóteles* — Política)

O arado puxado por animais era um importante instrumento agrícola. Estatueta de barro cozido, século VII a.C. (Museu do Louvre).

## A sociedade espartana

Em algumas cidades gregas, existiu um tipo de mão de obra que, embora explorada e totalmente submetida aos cidadãos, era um pouco diferente da dos escravos. O caso típico são os *hilotas* de Esparta.

Ao contrário dos escravos comuns, propriedades de um senhor, os *hilotas* pertenciam ao Estado espartano, sendo obrigados a trabalhar para seus cidadãos, que se beneficiavam de sua produção e tinham o direito de puni-los severamente. Entretanto, os *hilotas* estavam vinculados à terra e não podiam ser vendidos. Além disso, podiam formar uma família, o que garantia sua reprodução, e, por vezes, tiveram um papel de destaque no exército espartano. Outra diferença importante: os escravos eram em geral estrangeiros, os *hilotas* eram gregos.

A origem dos *hilotas* estava ligada à guerra: quando os espartanos conquistaram as regiões vizinhas da Lacônia e da Messênia, submeteram parte de suas populações e começaram a explorá-la economicamente. Assim, os *hilotas* eram uma espécie de escravos da comunidade de guerreiros espartanos.

Outras populações vencidas pelos espartanos foram transformadas em uma categoria diferente: os *periecos*. Eles eram pessoas livres, que moravam em aldeias situadas em zonas afastadas, vivendo da agricultura e, em menor grau, do artesanato e do comércio. Os *periecos* não participavam da política ao lado dos espartanos, mas é provável que tivessem alguma forma de governo local autônomo nas regiões em que habitavam.

A camada dominante da sociedade espartana era composta pelos *homoioi*, isto é, os "iguais". Eram os verdadeiros cidadãos. Apesar de controlarem as terras (trabalhadas pelos *hilotas*), os *homoioi* estavam afastados da atividade econômica direta, dedicando-se integralmente à administração da cidade e à guerra. Seus filhos eram preparados para a vida militar desde cedo pela própria cidade, que se encarregava de sua educação a partir dos sete anos (um sistema chamado *agogé*). Depois de um longo percurso, passando por etapas penosas de iniciação e aprendizado, o guerreiro era integrado ao grupo de cidadãos. A partir desse momento, devia contribuir e frequentar as refeições coletivas diárias, chamadas *syssitia*, que eram uma forma de reforçar o companheirismo entre os cidadãos e garantir a coesão do grupo de guerreiros. Os que não tinham riqueza suficiente não podiam participar desta refeição comum e eram rebaixados socialmente e excluídos da política.

**Guerreiro espartano. Estatueta de bronze (Museu Nacional de Atenas).**

*Os espartanos, em combate singular não são inferiores a ninguém; reunidos em tropas, são os mais valentes de todos: estão sujeitos a um soberano: a Lei. [...] Fazem tudo o que ela lhes mandar, e ela ordena sempre a mesma coisa: que não é permitido fugir do campo de batalha, ainda que seja grande a avalanche de inimigos; devem conservar seu posto, e vencer ou morrer.*

(*Heródoto* — História)

Embora estivessem frequentemente envolvidos em guerras externas, a função principal dos *homoioi* era a de manter a ordem interna, subjugando os *hilotas* e controlando os *periecos*. Ao contrário dos escravos, os *hilotas* muitas vezes se revoltaram em massa, exigindo mais e mais direitos de seus senhores espartanos.

## 6. Cultura, artes e religião

Até o período arcaico, o pensamento grego foi predominantemente mitológico e religioso. Em geral, os mitos contavam as aventuras dos deuses e dos heróis, sendo frequentes os seres sobrenaturais e os feitos surpreendentes. Por meio dessas narrativas maravilhosas, o mito procurava explicar o mundo e oferecer os modelos de comportamento para o homem grego.

### Do mito à razão

Para explicar a origem do universo, por exemplo, alguns mitos gregos contavam que, no princípio, existia uma situação desordenada, o Caos, do qual surgiu uma potência divina, chamada Gaia (a Terra). Depois, Gaia deu origem sozinha a outras divindades, especialmente Urano (o Céu), com quem teve vários filhos:

*Três filhos ainda nasceram de Gaia e Urano, tão grandes e fortes que mal se ousa nomear: Coto, Briareu e Gies. Criaturas cheias de orgulho. Cem braços monstruosos saíam de seus troncos, assim como cinquenta cabeças presas sobre seus ombros em seus corpos vigorosos. Possuíam uma força terrivelmente poderosa.*
(*Hesíodo* — Teogonia)

Já no início do século VI a.C., alguns gregos começaram a pensar a origem e a composição do mundo e o funcionamento da natureza de modo diferente. Esses primeiros pensadores não se contentavam com as explicações dadas pelos mitos, envolvendo potências e deuses. Ao contrário, buscaram respostas na própria realidade física: por exemplo, tentavam identificar quais os elementos materiais que deram origem à natureza. Alguns defendiam que havia sido a água, outros que havia sido o fogo:

*Quatro são as raízes de todas as coisas: Fogo, Água, Terra e a altura imensa do Ar. Todas as coisas surgiram destas raízes: as que serão, as que são e as que foram.*
(*Empédocles* — Poemas)

Além disso, procuraram demonstrar suas ideias de modo racional e lógico. A partir daí, o mundo passou a ser visto como um objeto a ser estudado pela inteligência humana.

Houve até mesmo pensadores que criticaram a religião tradicional, com seus deuses muito parecidos com os simples mortais e suas lendas maravilhosas:

*Não se deve passar o tempo todo a falar dos Titãs ou dos Gigantes ou dos Centauros, invenções dos séculos passados. Nada há de bom nisso.*
(*Xenófanes* — Elegias)

**Hércules captura Cérbero, o enorme cão de três cabeças que guardava a entrada do mundo inferior (Museu do Louvre).**

**Física**

Os primeiros pensadores gregos que procuraram explicar o mundo sem recorrer exclusivamente à mitologia ou à religião viviam na região da Jônia, na costa oriental do Mediterrâneo. Foram chamados de físicos. A palavra grega *physis* significa natureza. Ela é a origem da física, uma disciplina que procura explicar racionalmente os fenômenos naturais. Tales de Mileto, Anaxímenes, Anaximandro e Xenófanes foram alguns dos primeiros físicos. Depois vieram Anaxágoras, Heráclito, Demócrito, Empédocles e outros.

## A filosofia

O aparecimento da filosofia na Grécia não foi um fato isolado. Estava ligado ao nascimento da *pólis*: a partir do período arcaico, os gregos procuraram organizar sua vida na cidade, tomando conta de seu próprio destino sem a interferência de reis; ao mesmo tempo, procuravam entender o universo em que viviam. A palavra autoritária do rei foi substituída pelo debate político entre os cidadãos. A religião e o mito perderam a força, cedendo lugar ao pensamento lógico, sem contudo desaparecerem.

Nos séculos V e IV, muitas correntes filosóficas desenvolveram-se na Grécia. Em Atenas, destacaram-se Sócrates, Platão e Aristóteles. Os filósofos reconheciam a ignorância humana sobre o mundo que os cercava, indagavam sobre os mistérios da vida e procuravam respostas.

> *Sou decerto mais sábio do que este homem. É possível que nenhum de nós saiba algo de belo e de bom, mas ele julga que sabe quando nada sabe, enquanto eu, que nada sei, não julgo que sei.*
> (*Platão* — Apologia de Sócrates)

Apesar das divergências entre os filósofos, em geral eles procuraram pensar o homem e seu papel no universo da *pólis*. Aristóteles dizia que o homem era um animal político, pois é de sua natureza viver na cidade. Alguns filósofos chegaram a escrever obras em que imaginavam uma cidade ideal, já que, normalmente, eram críticos ferozes do sistema democrático.

**O filósofo Sócrates foi processado pela cidade de Atenas e condenado a suicidar-se bebendo cicuta (Afresco romano, século I d.C.).**

No período helenístico, com o declínio das cidades, as preocupações da filosofia mudaram muito. Agora, as escolas filosóficas, como o estoicismo, já não se preocupavam com a comunidade: viam o mundo exterior de modo pessimista e negativo, e voltaram-se para o indivíduo, procurando oferecer-lhe uma alternativa de realização pessoal. Uma realização que já não se baseava na participação na vida cívica. Para o estoico, a verdadeira sabedoria e a verdadeira virtude estavam na capacidade de a pessoa ser indiferente aos prazeres e ao sofrimento, à riqueza e à pobreza.

## O teatro

No teatro grego, o público se sentava na arquibancada de pedra, enquanto a peça era encenada na parte baixa (Teatro de Segesta, Sicília).

Outra consequência das transformações do período arcaico é o aparecimento do teatro. Se antes predominava a encenação religiosa, na qual os atos e as palavras tinham força por serem rituais, por manifestarem a presença divina, nesse momento a encenação teatral colocava no palco a ação de personagens (em geral, humanos; raramente deuses) que tratavam de assuntos variados, que diziam respeito à vida na cidade (a guerra, a influência dos filósofos, o modo de fazer justiça, o papel da mulher etc.). No teatro, a palavra tem força porque narra uma história, porque ideias são debatidas e por meio dele podem ser emitidas opiniões diversas.

Em muitas cidades gregas, especialmente em Atenas, as apresentações teatrais conquistaram um lugar central na vida cotidiana, e promoviam-se até mesmo festivais e concursos entre os autores. Às vezes, os temas eram abordados de forma dramática, como nas tragédias; outras vezes, de modo cômico, como nas comédias. Mas, sobretudo, o teatro transformou-se em um mecanismo da vida cívica: por meio dele, o cidadão foi informado e educado. As representações reuniam milhares de pessoas e eram o momento de verdadeira comemoração da comunidade, misturando aspectos de ato político coletivo, de festividade, de disputa e adoração dos deuses.

Máscaras usadas pelos atores no teatro grego (reconstituição).

## A imagem

Vaso grego com influências orientais: motivos florais e seres alados (Museu Ashmolean, Oxford).

Também o universo visual mudou bastante com o aparecimento da cidade. Durante o período homérico, predominaram as figuras geométricas (veja um exemplo na pág. 15). Com a colonização, os gregos importaram os motivos decorativos do Oriente. Com o tempo, a figura humana ganhou mais e mais espaço: sua representação deixou de ser esquemática, como nos vasos geométricos, e o pintor procura ser mais naturalista, retratando os pormenores das formas humanas. Na escultura, as estátuas de jovens e deuses quase uniformes do período arcaico cederam lugar a esculturas com mais movimento e mais semelhantes ao corpo humano, típicas da época clássica. O homem vai-se tornando o centro das atenções também nas artes. No entanto, não era o indivíduo que importava, mas a imagem que representava um modelo para o cidadão.

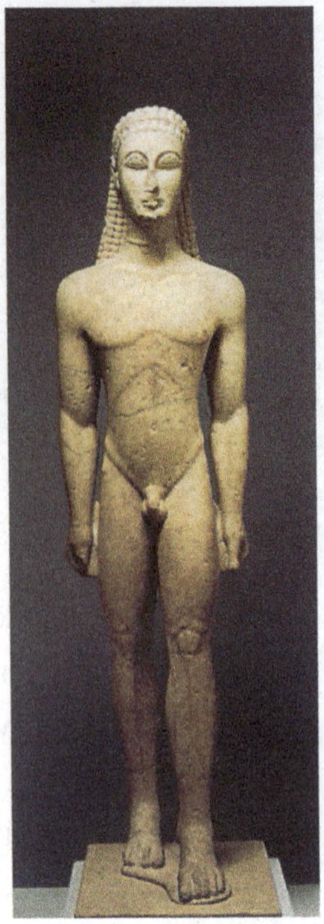

**O *kouros* (jovem) é a estátua típica do Período Arcaico: seus traços são padronizados e a forma é rígida. c. 600 a.C. (Museu Metropolitano, Nova York).**

**Estátua de bronze atribuída a Fídias, o maior escultor ateniense do século V a.C. (Museu Nacional, Calábria).**

Tanto as pinturas como as esculturas eram expostas principalmente nos espaços públicos e, em geral, eram encomendadas pela cidade, por decisão do conjunto de cidadãos, que controlava a produção e pagava os artistas. Em Atenas, por exemplo, havia grandes murais públicos retratando a luta dos gregos contra os persas e os feitos extraordinários de Teseu e Hércules, considerados heróis da cidade. Serviam, portanto, como importantes meios de comunicação visual coletiva, criando uma identidade comum entre os cidadãos e sua cidade e sinalizando os exemplos a serem seguidos na vida cívica.

## A arquitetura

Assim como a pintura e a escultura, também a arquitetura grega foi uma arte feita essencialmente para a coletividade. Os materiais mais duráveis e caros (como o mármore) e as melhores técnicas eram utilizados para construir os edifícios públicos, os teatros e, especialmente, os templos.

O uso intensivo das colunas e o requinte com que o exterior dos prédios era decorado (com ampla utilização de relevos e esculturas) mostram que os edifícios eram feitos para serem vistos de fora, como emblemas do poderio da cidade-estado e de seus cidadãos.

As casas particulares eram bem mais modestas, feitas de tijolos e madeira, e não se destacavam no conjunto da cidade.

**Pórtico das Cariátides: as colunas de sustentação foram substituídas por estátuas de jovens mulheres.**

No século IV, aumentou a preocupação com o conforto interno, e as casas passaram a receber maior atenção: o luxo privado cresceu e algumas residências passaram a ter cômodos ricamente decorados. Era um sinal da crise do ideal coletivo da cidade (veja mais no capítulo seguinte).

## A religião

Os gregos eram politeístas, ou seja, adoravam vários deuses, como Zeus, Apolo, Posêidon, Hera, Palas-Atena, Afrodite e muitos outros. Um traço marcante desses deuses eram suas características humanas: não apenas se pareciam com homens e mulheres, mas também tinham comportamentos e sentimentos semelhantes.

Esse mundo divino já aparece na *Ilíada* e na *Odisseia* de Homero. A religião homérica era basicamente familiar: os rituais e cultos eram realizados pelos membros do *oikos*.

A partir do período arcaico, porém, a religião grega foi-se integrando cada vez mais à nova realidade da *pólis*. Na época clássica, pode-se dizer que existiu uma verdadeira religião cívica, isto é, um conjunto de crenças, rituais e cultos oficiais da cidade.

Os gregos de todas as cidades tinham um conjunto de deuses em comum (um panteão) e compartilhavam as mesmas crenças. Existiam também santuários frequentados por pessoas de todas as partes, como o de Apolo, em Delfos. No entanto, cada cidade tinha as suas próprias divindades principais e seus cultos particulares. Para os atenienses, por exemplo, a divindade protetora da cidade era Palas-Atena. A organização dos cultos e das festividades religiosas cabia ao conjunto de cidadãos, que decidia onde erguer um templo ou como fazer e financiar uma procissão.

**Jogos olímpicos**

Existiam grandes festivais que reuniam pessoas vindas de todas as partes do mundo grego. Por isso eram chamados pan-helênicos. Nos festivais que se realizavam em Olímpia em homenagem a Zeus, a principal atração eram as competições esportivas: corridas, saltos, lançamento de disco e de dardo, lutas. Mas também havia declamações de poesia, feiras, danças etc. O estádio de Olímpia acomodava 40 mil pessoas sentadas.

**O deus Hélio (sol) era representado cruzando o céu em sua carruagem.**

**Cena de sacrifício. Pintura em madeira, c. 540 a.C., proveniente de Corinto (Museu Nacional de Atenas).**

Um dos principais rituais era o sacrifício. Ele podia ocorrer na forma de oferendas aos deuses de uma parte dos produtos, com a intenção, por exemplo, de garantir a fertilidade do solo ou do gado ou a abundância das colheitas. Eram ofertados trigo, frutos, mel, bolos e tortas e feitas libações de vinho, azeite, leite e água. Mas o sacrifício mais importante era o sangrento: um animal era morto, e algumas partes queimadas aos deuses e outras assadas para serem consumidas pelos homens. Essa refeição comum do animal sacrificado reforçava os laços existentes entre os cidadãos e as ligações entre a comunidade e as forças divinas.

A religião grega não possuía uma doutrina escrita ou um conjunto fixo de preceitos a serem seguidos pelos fiéis. Também não havia um livro sagrado, que contivesse a verdade divina (como é o caso da Bíblia para os judeus e cristãos). Não existiu uma igreja, nem uma casta de sacerdotes. Normalmente, os oficiantes dos rituais eram escolhidos entre os cidadãos, como qualquer magistrado. Assim, a principal função da religião cívica era integrar o indivíduo à cidade, fazendo com que ele se sentisse parte de uma comunidade de cidadãos, compartilhando os mesmos valores e acreditando nos mesmos ideais.

Paralelamente à religião cívica, existiam outras formas de manifestação religiosa, que completavam o culto oficial ou se afastavam dele. Algumas delas procuravam oferecer ao indivíduo a perspectiva de uma existência mais feliz após a morte (já que este era um aspecto com o qual a religião oficial não se preocupou muito). Foi o caso dos Mistérios de Elêusis, um conjunto de festas e rituais dedicados às deusas Deméter e sua filha Perséfone, do qual também participavam escravos, estrangeiros e mulheres, desde que tivessem passado por um processo de iniciação.

Mulher participando dos rituais dionisíacos (Staatliche Antikensammlungew, Munique).

Outras correntes, como o Orfismo, pregavam a adoção de uma vida pura, que preparasse o indivíduo para a salvação da alma. É interessante notar que o Orfismo defendia uma dieta vegetariana, rejeitando o sacrifício sangrento, típico da religião oficial.

Também foram muito importantes os cultos a Dioniso, deus do vinho, do teatro e da orgia. As procissões carnavalescas, as danças e o consumo de vinho eram organizados pela cidade, mas os rituais dionisíacos não justificavam a ordem pública. Ao contrário, colocavam a cidade diante de forças não controladas da natureza. Por isso, os lugares principais do culto a Dioniso não eram os templos oficiais das cidades, mas as florestas e as matas. O Dionisismo era muito frequentado pelas mulheres, que estavam praticamente excluídas dos cultos oficiais.

**Dioniso**

O mito de Dioniso é rico de elementos discordantes. Segundo uma das versões, ele seria filho de Zeus, deus, e Sêmele, mortal. Quando Dioniso estava para nascer, Sêmele pede a Zeus que se mostre em todo o seu esplendor, mas ela não suporta a visão e tomba fulminada. Zeus rapidamente retira a criança, costura-a em sua própria coxa e Dioniso nasce perfeito.

# 7. O mundo helenístico

No ano de 359 a.C., Filipe II tornou-se rei da Macedônia. Até aquele momento, a Macedônia era um reino modesto situado ao norte da Grécia. Sua população falava um dialeto grego muito diferente dos demais, e sua elite governante era bastante influenciada pelos costumes e tradições da Grécia.

Sob o reinado de Filipe II, a Macedônia passou por profundas mudanças: o soberano reorganizou o governo, submeteu seus inimigos internos, fortaleceu o exército e iniciou uma expansão em direção à Grécia. Muitas cidades gregas foram destruídas ou dominadas, algumas aliaram-se a Filipe, outras procuraram resistir ao avanço de sua poderosa armada (composta por uma grande cavalaria e uma falange hoplítica semelhante à dos exércitos gregos).

## A crise da democracia

A Macedônia, porém, não era o único problema dos gregos. No século IV, muitas cidades estavam enfraquecidas pelas guerras e pelas crises econômicas; outras tinham uma economia florescente, mas enfrentavam dificuldades para manter sua forma de governo. Este era, particularmente, o caso de Atenas.

As cenas dionisíacas em relevo mostram a influência grega no vaso macedônico (Museu da Tessalônica).

A democracia ateniense mostrava sinais de esgotamento. Vários grupos se formavam no interior da assembleia, defendendo seus próprios interesses, e já não era possível chegar a um consenso de como agir. A própria participação política, tão necessária a um regime democrático, decaía assustadoramente. Para estimular a presença em reuniões políticas, em fins do século V, a cidade começou a pagar aos primeiros cidadãos que chegavam à assembleia. Mesmo assim, a população parecia mais preocupada com seus negócios e com sua vida particular do que com a política coletiva.

Enquanto o espaço privado enriquecia e se fortalecia, o espaço público entrava em decadência, como lamenta este autor ateniense:

*Outrora, a cidade era rica, era magnífica. Digo a cidade, pois, entre os particulares, ninguém se elevava por cima da massa.*

*[...] Hoje, todos os profissionais da vida pública têm, em privado, tal abundância de bens que mandam, por vezes, construir casas particulares mais imponentes do que muitos edifícios públicos; alguns compraram mais terras que aquelas que vós todos possuís. Quanto ao que construís e adornais para o domínio público, como isso é pequeno, como é mesquinho, e que vergonha de dizer!*
(*Demóstenes* — Contra Aristócrates)

**O uso de colunas, mosaicos e pinturas murais revela a crescente preocupação com a habitação (Delos, século II a.C.).**

Outro sinal da crise foi a substituição, nos exércitos, dos cidadãos por mercenários pagos para defender a *pólis*, uma prática condenada por muitos:

*Chegamos a tal ponto de loucura que, mesmo faltando a nós mesmos o necessário ao dia a dia, somos obrigados a sustentar mercenários e nos atormentamos e pressionamos cada um de nossos aliados para entregar seu pagamento a esses inimigos de toda a humanidade.*
(*Isócrates* — Sobre a Paz)

Nem mesmo a ameaça macedônica foi capaz de unir os cidadãos. Ela serviu, na verdade, para criar mais disputas.

Um grupo condenava a guerra e defendia uma política de alianças e de convivência pacífica com Filipe II:

*Mas eis que, do seio da democracia restaurada e reforçada, aparecem homens novos, que usurpam o título de cidadãos; eles cercam-se dos elementos insalubres da cidade; não têm outra política a não ser a guerra sem trégua; durante o período de paz, predizem os desastres que virão.*

*[...] Comprometem a paz, que é a garantia da soberania popular, e provocam a guerra que a destrói.*
(*Ésquines* — Sobre a Embaixada Infiel)

Outro grupo, liderado pelo maior orador grego, Demóstenes, exigia que a cidade mobilizasse todas as suas forças para defender a si mesma e a Grécia:

*Este estado de coisas, esta crise que vivemos, provém de numerosas e antigas causas. Se estais dispostos a ouvir-me, estou pronto a falar-vos. Abandonastes, atenienses, o princípio fundamental que vossos antepassados vos haviam legado. Manter na Grécia o primeiro lugar, manter um exército pronto para socorrer todos aqueles que fossem ofendidos.*
(*Demóstenes* — III Filípica)

## Os reinos helenísticos

Por fim, os gregos foram derrotados em 338 a.C., na batalha de Queroneia. Em 336, Filipe é assassinado e sucedido por seu filho Alexandre, o Grande. Depois da conquista da Grécia, a expansão macedônica continuou em direção ao Oriente, submetendo a Mesopotâmia, o Egito, a Pérsia e outras regiões. O resultado das batalhas de Alexandre e seus exércitos foi a construção de um imenso império híbrido, em que se misturaram as características da sociedade helênica (grega) e oriental. No plano cultural, esse fenômeno é conhecido como Helenismo.

A língua grega seria difundida e substituiria o aramaico como língua internacional, usada na administração das províncias e nas relações diplomáticas, ao mesmo tempo que as populações locais continuariam a falar seus idiomas originais. O modelo urbano da cidade grega — com suas praças públicas, templos, teatros, ginásios — seria copiado por todo o Oriente. A religião grega, por sua vez, seria enriquecida com os cultos orientais.

No entanto, essas novas cidades foram apenas uma cópia artificial e defeituosa, sem a característica essencial das cidades-estados gregas: a autonomia política, ou seja, o poder de governar seu próprio destino. É significativo que a *ágora* helenística tenha sido, normalmente, uma área delimitada por muros e não mais o espaço aberto em que os cidadãos transitavam e debatiam livremente. A cidade helenística foi somente parte de um império go-

**Alexandre, o Grande (à esquerda), na batalha de Issus contra os persas. Mosaico de Pompeia (Museu Nacional de Nápoles).**

**Os governantes helenísticos difundiram os modelos da arte grega pela Ásia. Detalhe do altar de Zeus, em Pérgamo, século II a.C. (Museu Estatal de Berlim).**

vernado por um rei. No fundo, representou a negação do ideal grego de cidade.

Quando Alexandre morreu, em 323 a.C., aos 33 anos, seu vasto domínio foi disputado e dividido por seus generais, que tentaram criar dinastias próprias. Depois de quarenta anos de luta, surgiram três grandes reinos: o Egito, governado pelos Ptolomeus; grande parte da Ásia, incluída a Mesopotâmia, ficaria sob controle dos Selêucidas; a Macedônia e várias cidades gregas cairiam nas mãos da dinastia Antigônida. Justamente nesse momento a monarquia mostrou-se menos forte e as cidades gregas continuaram a ter certa liberdade. Mas, mesmo entre os gregos, havia muitos que já defendiam um regime monárquico, com um soberano forte, que se apresentasse como salvador da Grécia numa época de tumulto.

Em cada um dos novos reinos helenísticos, a forma política adotada foi a das monarquias orientais: o poder concentrado no soberano absoluto, que governava com o apoio de sua corte, de uma vasta rede de funcionários, e procurava transmitir o cargo a seus descendentes. O rei era a principal fonte do poder e da justiça, controlava grande parte da riqueza econômica e chegou mesmo a ser objeto de adoração por parte de seus súditos. O próprio Alexandre foi considerado filho de Zeus.

Embora as cidades gregas tivessem perdido sua independência política, várias delas mantiveram grande importância no mundo antigo, especialmente no plano cultural. Quando Roma entrou em contato com as cidades gregas do sul da Itália e da Sicília e, por volta de meados do século II a.C., conquistou finalmente a própria Grécia, a cultura romana foi profundamente influenciada pelo Helenismo. As ideias e os comportamentos dos antigos gregos foram assimilados especialmente por pessoas da elite romana. No entanto, os romanos não reproduziram simplesmente a cultura grega; adaptaram-na segundo seus gostos e suas necessidades, em uma realidade totalmente diferente. A Grécia das cidades-estados estava morta.

**A cultura grega continuou influente mesmo depois da perda da independência das cidades. Muitas de suas obras foram copiadas nos períodos helenístico e romano, como esta "Morte de Lacoonte e seus filhos", do século II a.C. (Museu Pio Clementino, Vaticano).**

# Cronologia*

| | |
|---|---|
| 2000-1450 | • Período Cretense ou Minóico |
| 1700-1250 | • Período Micênico |
| 1200-800 | • Período Homérico (Idade das Trevas) |
| séculos VIII-VI | • Período Arcaico<br>750 — Início da colonização grega<br>594 — Sólon<br>545-510 — Tirania de Psístrato e seus filhos em Atenas<br>504 — Clístenes |
| séculos V-IV | • Época Clássica<br>490-479 — Guerras Greco-Pérsicas<br>478 — Liga de Delos<br>431-404 — Guerra do Peloponeso<br>430-426 — Peste em Atenas<br>429 — Morte de Péricles<br>404 — Tirania dos 30 em Atenas<br>378 — Segunda Confederação Ateniense<br>359-356 — Filipe II, rei da Macedônia |
| após 338 | • Período Helenístico<br>338 — Derrota grega na batalha de Queroneia<br>336-323 — Alexandre, o Grande<br>331 — Fundação de Alexandria |

* Todas as datas são antes de Cristo.

# Bibliografia

Felizmente, já há uma boa quantidade de excelentes obras sobre a Grécia traduzidas para o português. Entre as mais gerais, podem ser consultadas:


DURAND, M. de. *História abreviada da Grécia antiga*. Lisboa, Editorial Notícias, 1995.

FERREIRA, J. R. *A Grécia antiga*. Lisboa, Edições 70, 1992.

FINLEY, M. I. *Os gregos antigos*. Lisboa, Edições 70, 1984.

________. *O mundo de Ulisses*. Lisboa, Editorial Presença, 1988.

________. *Grécia primitiva: idade do bronze e idade arcaica*. São Paulo, Martins Fontes, 1990.

JONES, P. V. (org.). *O mundo de Atenas — uma introdução à cultura clássica ateniense*. São Paulo, Martins Fontes, 1997.

LÉVÊQUE, P. *O mundo helenístico*. Lisboa, Edições 70, 1987.

MOSSÉ. C. *A Grécia arcaica de Homero a Ésquilo*. Lisboa, Edições 70, 1989.

VERNANT, J.-P. (org.). *O homem grego*. Lisboa, Editorial Presença, 1994.


Sobre a política no mundo grego, ver:


FINLEY, M. I. *A política no mundo antigo*. Rio de Janeiro, Zahar, 1985.

MOSSÉ. C. *As instituições gregas*. Lisboa, Edições 70, 1985.

________. *Atenas: a história de uma democracia*. Brasília, Editora UnB, 1982.


Boas análises sobre a história econômica e social são encontradas em:


ANDERSON, A. *Passagens da antigüidade ao feudalismo*. Porto, Edições Afrontamento, 1982.

AUSTIN, M. e VIDAL-NAQUET, P. *Economia e sociedade na Grécia antiga*. Lisboa, Edições 70, 1986.

FINLEY, M. I. *A economia antiga*. Porto, Edições Afrontamento, 1980.

________. *Economia e sociedade na Grécia antiga*. São Paulo, Martins Fontes, 1989.

GARLAN, Y. *Guerra e economia na Grécia antiga*. Campinas, Papirus, 1991.


Sobre cultura, religião e mitologia, ver:


DODD, E. R. *Os gregos e o irracional*. Lisboa, Gradiva, 1988.

SISSA, G. e DETIENNE, M. *Os deuses gregos*. São Paulo, Cia. das Letras, 1990.

VERNANT, J.-P. *As origens do pensamento grego*. São Paulo, Difel, 1982.

________. *Mito e religião na Grécia antiga*. Campinas, Papirus, 1992.

________. *Mito e sociedade na Grécia antiga*. Rio de Janeiro-Brasília, José Olympio-Editora UnB, 1992.

________. *Mito e pensamento entre os gregos*. São Paulo, Edusp, 1973.


Uma boa parte das obras literárias, das peças teatrais e dos tratados filosóficos gregos também está traduzida para o português, sendo facilmente encontrada nas livrarias.

# O que visitar?

Alguns museus brasileiros possuem em seu acervo peças originais da Grécia antiga: vasos pintados, estatuetas de cerâmica, terracotas, moedas, utensílios domésticos, vidros etc.

Em São Paulo, O Museu de Arqueologia e Etnologia da Universidade de São Paulo — MAE tem uma ótima exposição, com várias peças e painéis explicativos. As visitas podem ser acompanhadas de monitores e o Museu organiza vários programas educacionais para atender às escolas. O Museu fica na Av. Professor Almeida Prado, n.º 1466, na Cidade Universitária, em São Paulo; tel.: (0**11) 3091-4905. www.mae.usp.br

O Museu Nacional, pertencente à Universidade Federal do Rio de Janeiro, também possui uma boa coleção de achados arqueológicos gregos. Fica na Quinta da Boa Vista s/n.º, em São Cristóvão, Rio de Janeiro; tel.: (0**21) 3938-6900. www.museunacional.ufrj.br

Você também pode fazer visitas virtuais a alguns museus gregos relacionados no *site* do Ministério da Cultura da Grécia (em inglês). Sua escolha pode ser feita por tema, ordem alfabética ou acervo: http://odysseus.culture.gr/h/1/eh10.jsp e http://odysseus.culture.gr/index_en.html (em inglês).

## Fontes das ilustrações

(Os números entre parênteses referem-se às páginas em que figuram na presente obra.)


Boardan, John. *Greek Art*. Thames & Hudson, London, 1996 (p. 25, abaixo).

Carratelli, Giovanni Pugliese. *The Western Greeks: Classical civilization in the Western Mediterranean*. Thames & Hudson, London, 1996 (p. 15, acima; 37, acima, à direita).

*Enciclopédia do Patrimônio da Humanidade*. vol. 1. Altaya, Barcelona, 1998 (p. 42).

*Grèce Archaïche*. Paris, 1961 (p. 25, acima).

*Grécia: berço do Ocidente*. vol. 1. Edições del Prado, Madrid, 1996 (p. 8; 9; 13, acima; 23).

*Grécia: berço do Ocidente*. vol. 2. Edições del Prado, Madrid, 1996 (p. 33, acima).

Higgins, Reynold. *Minoan and Mycenaen Art*. Thames & Hudson, London, 1981 (p. 10, abaixo; 11).

Spivey, Nigel. *Greek Art*. Phaidon, London, 1997 (p. 36; 37, abaixo, à esquerda).

Stierlin, Henri. *Greece: from Mycenea to Parthenon*. Taschen's World Architecture, Taschen, Köln, 1997 (p. 12, acima; 14; 20; 29; 38, abaixo).

# QUE HISTÓRIA É ESTA?

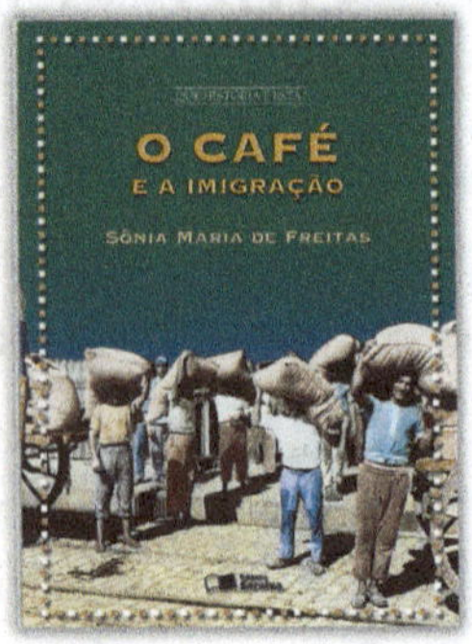

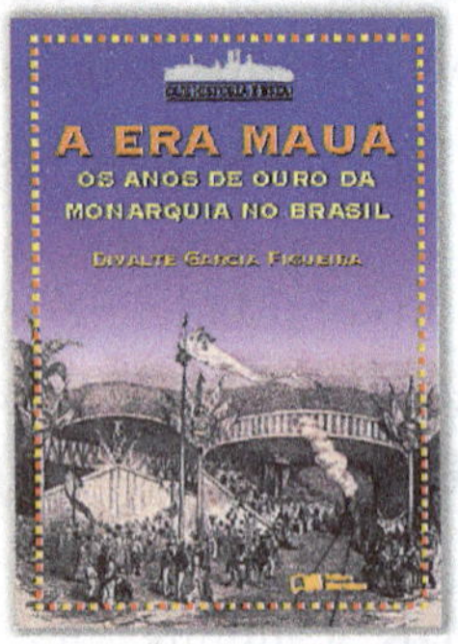


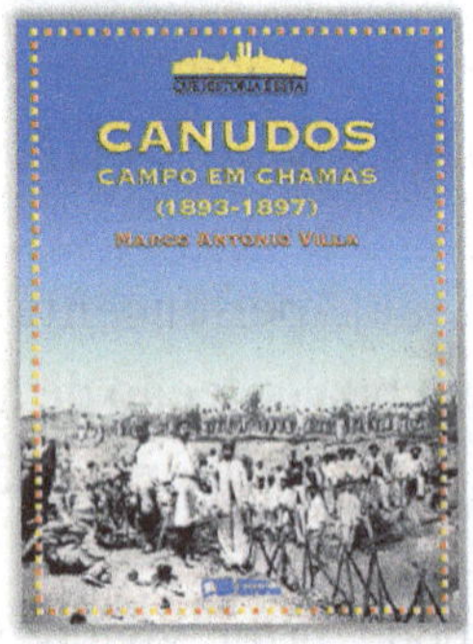

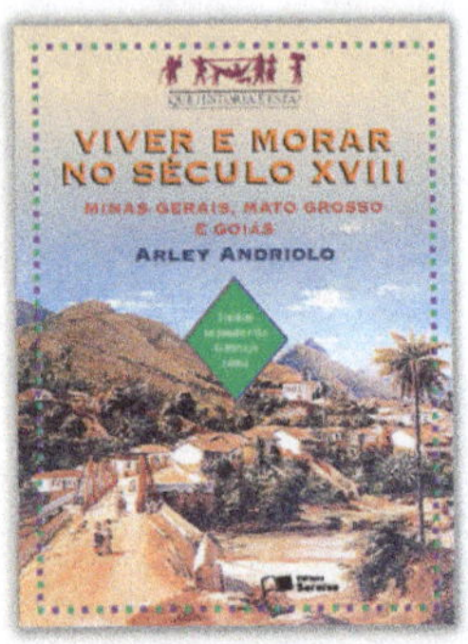


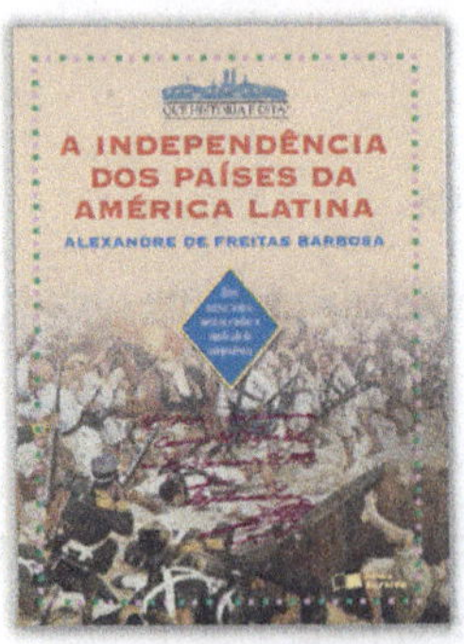


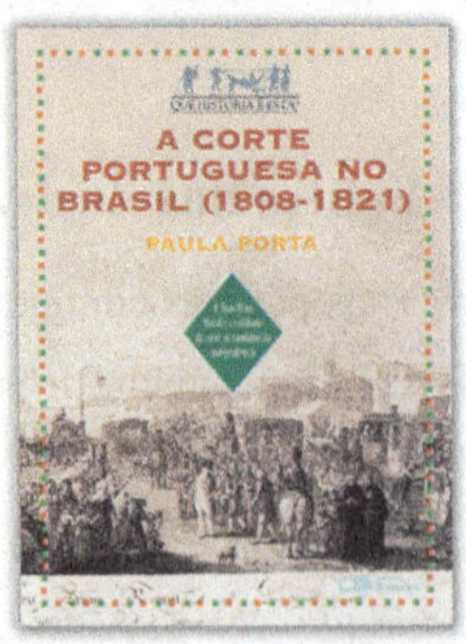

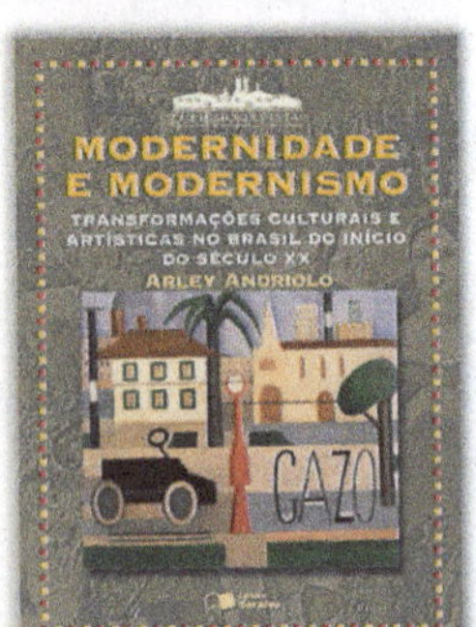

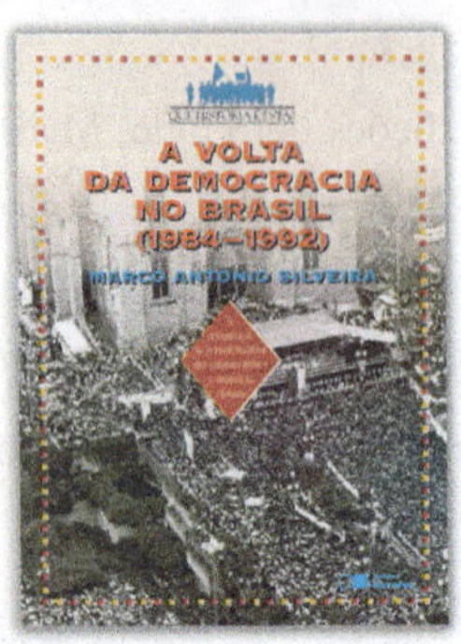

# A Grécia Antiga

Marcelo Rede

## Suplemento de trabalho

## • Que história é esta? A Grécia Antiga

Neste livro, você percorreu lugares diferentes e entrou em contato com a história e a cultura dos gregos antigos. Foram eles que criaram a democracia, há mais de dois mil e quinhentos anos, inventaram os jogos olímpicos, o teatro e a filosofia. E formaram a primeira sociedade da história a basear sua riqueza no trabalho escravo. Embora distantes no tempo e no espaço, os gregos deixaram uma herança cultural viva e presente em nossa civilização. Mas será que existe alguma semelhança entre o teatro dos antigos gregos e o nosso? E entre a democracia deles e a nossa? Ou, por trás de palavras iguais, existem diferenças profundas?

## • Que história é esta? Tempo

1. Como é possível conhecer a história dos povos que não deixaram registros escritos?

   R.: ______________________________________________

   ______________________________________________

   ______________________________________________

   ______________________________________________

   ______________________________________________

2. Explique como os historiadores chegaram à seguinte afirmação: "Parte da península Balcânica e muitas das ilhas gregas foram povoadas bem cedo, ainda na Pré-História".

   R.: ______________________________________________

   ______________________________________________

   ______________________________________________

   ______________________________________________

   ______________________________________________

   ______________________________________________

   ______________________________________________

21. Você tem alguma religião? O que ela diz sobre a origem do mundo? Compare com o que diziam os mitos gregos.

R.:

## • Que história é esta? Atividades

22. Pegue um jornal velho ou uma revista bem antiga. Escolha algumas reportagens (futebol; festas folclóricas; imigração; artes plásticas; literatura; cinema etc.) e leia-as com atenção, anotando as informações que achar mais importantes. Depois, tente imaginar a sociedade daquela época do mesmo modo que faz um historiador. Forme um grupo e procure debater suas ideias.

23. Faça uma pesquisa sobre um filósofo grego e escreva um pequeno texto sintetizando seu pensamento.

24. Um mito conta uma história, inventada ou baseada em fatos reais. Algumas dessas histórias buscam explicar os fenômenos que os homens percebem na natureza (como o nascimento diário do sol); outras buscam contar a origem de um povo, mostrando como viviam seus antepassados. O mito é a forma que certas sociedades têm de explicar para si mesmas e para os outros os mistérios do mundo em que vivem. Pesquise sobre um mito grego e, em grupo, faça uma representação teatral para a turma.

Nome:

Ano: Número:

b) Qual o sentido do ócio para os gregos?

R.: ____________________________________________

c) Na sociedade grega antiga, qual a relação entre democracia e escravidão?

R.: ____________________________________________

**18.** Observe a ilustração da página 38, "Pórtico das Cariátides". Explique por que, tal qual a pintura e a escultura, a arquitetura grega foi uma arte feita essencialmente para a coletividade.

R.: ____________________________________________

## • Que história é esta? Relação com o cotidiano

**19.** Quais são as diferenças mais significativas entre a democracia ateniense e a democracia no mundo moderno?

R.: ____________________________________________

**20.** Procure em um atlas o mapa político atual da península Balcânica. Quais são os países situados na região? Você sabe algo sobre as atuais relações políticas entre esses países?

R.: ____________________________________________

3. O que os arqueólogos descobriram em Cnosso? Explique qual é a importância desta descoberta.

R.: ______________________________________________

______________________________________________

______________________________________________

______________________________________________

______________________________________________

## • Que história é esta? Espaço

4. Observe o mapa da península Balcânica na página 9. Descreva, com as suas palavras, as principais características geográficas da região, procurando relacioná-las com o modo de vida dos gregos.

R.: ______________________________________________

______________________________________________

______________________________________________

______________________________________________

## • Que história é esta? Conteúdo

5. Como estava organizada a sociedade no período micênico, após 1400 a.C.?

R.: ______________________________________________

______________________________________________

______________________________________________

______________________________________________

6. Quais foram as transformações que ocorreram no final do período micênico? Explique.

R.: ______________________________________________

______________________________________________

______________________________________________

______________________________________________

7. Como estava dividida a sociedade no período homérico?

R.: ______________________________________________

______________________________________________

______________________________________________

______________________________________________

______________________________________________

**8.** Explique a seguinte afirmação: “A guerra ocupava um lugar central na vida da aristocracia homérica”.

R.: ____________________________________________________

**9.** Dê as características das cidades gregas a partir do período arcaico.

R.: ____________________________________________________

**10.** O que era a tirania?

R.: ____________________________________________________

**11.** Qual a diferença entre a elite guerreira do período homérico e os guerreiros do período arcaico?

R.: ____________________________________________________

**12.** Nas guerras greco-pérsicas, muitos gregos aliaram-se aos persas, mas várias cidades uniram-se para combater e expulsar os invasores. Quais foram as principais cidades que lideraram a resistência? Por que tal união foi possível?

R.: ____________________________________________________

**13.** Quem eram os cidadãos atenienses? Quais eram os seus deveres?

R.: ______________________________________________

______________________________________________

______________________________________________

______________________________________________

**14.** Qual foi a importância do teatro na Grécia?

R.: ______________________________________________

______________________________________________

______________________________________________

______________________________________________

______________________________________________

**15.** Descreva como era a religião grega.

R.: ______________________________________________

______________________________________________

______________________________________________

______________________________________________

______________________________________________

______________________________________________

______________________________________________

**16.** Assinale a alternativa falsa:

( ) Sob o reinado de Filipe II, a Macedônia passou por profundas mudanças.
( ) Sob o reinado de Filipe II, a democracia de Atenas estava passando por uma crise.
( ) Sob o reinado de Filipe II, o exército ateniense substituía cidadãos por mercenários.
( ) Sob o reinado de Filipe II, os gregos conseguiram elaborar uma política de alianças e de convivência pacífica.

## • Que história é esta? Documentos da época

**17.** Releia os textos escritos por Xenofonte, Aristóteles e Plutarco ("Escravidão e cidadania", página 32).

a) Explique por que o trabalho era geralmente desvalorizado, visto como atividade inferior, que não cabia ao cidadão.

R.: ______________________________________________

______________________________________________

______________________________________________

______________________________________________